Scoprire i Giochi Gratuiti Online

Disponibile Qui:

BestActivityBooks.com/FREEGAMES

5 CONSIGLI PER INIZIARE

1) COME RISOLVERE LE PAROLE INTRECCIATTE

I puzzle hanno un formato classico:

- Le parole sono nascoste senza spazi o trattini,...
- Orientamento: Le parole possono essere scritte in avanti, indietro, verso l'alto, verso il basso o in diagonale (possono essere invertite).
- Le parole possono sovrapporsi o intersecarsi.

2) APPRENDIMENTO ATTIVO

Accanto ad ogni parola c'è uno spazio per scrivere la traduzione. Per incoraggiare l'apprendimento attivo, un **DIZIONARIO** alla fine di questa edizione vi permetterà di controllare e ampliare le vostre conoscenze. Cerca e scrivi le traduzioni, trovale nel puzzle e aggiungile al tuo vocabolario!

3) SEGNARE LE PAROLE

Puoi inventare il tuo sistema di segni. Forse ne usi già uno? Per esempio, puoi segnare le parole difficili da trovare con una croce, le parole preferite con una stella, le parole nuove con un triangolo, le parole rare con un diamante, e così via.

4) STRUTTURARE L'APPRENDIMENTO

Questa edizione offre un **TACCUINO** alla fine del libro. In vacanza, in viaggio o a casa, puoi organizzare facilmente le tue nuove conoscenze senza bisogno di un secondo quaderno!

5) AVETE FINITO TUTTE LE GRIGLIE?

Nelle ultime pagine di questo libro, nella sezione della **SFIDA FINALE**, troverete un gioco gratuito!

Facile e veloce! Dai un'occhiata alla nostra collezione di libri di attività per il tuo prossimo momento di divertimento e **apprendimento,** a portata di clic!

Trova la tua prossima sfida su:

BestActivityBooks.com/MioProssimoLibro

Ai vostri posti, pronti...Via!

Sapevi che ci sono circa 7.000 lingue diverse nel mondo? Le parole sono preziose.

Amiamo le lingue e abbiamo lavorato duramente per creare libri di altissima qualità. I nostri ingredienti?

Una selezione di argomenti adatti all'apprendimento, tre buone porzioni di intrattenimento, una cucchiaiata di parole difficili e una spolverata di parole rare. Li serviamo con amore e entusiasmo in modo che tu possa risolvere i migliori giochi di parole e divertirti imparando!

La vostra opinione è essenziale. Puoi partecipare attivamente al successo di questo libro lasciandoci un commento. Ci piacerebbe sapere cosa ti è piaciuto di più di questa edizione.

Ecco un link veloce alla pagina dell'ordine:

BestBooksActivity.com/Recensione50

Grazie per il vostro aiuto e buon divertimento!

Tutta la squadra

1 - Scacchi

```
Đ  I  Ể  M  H  L  O  Đ  Y  Q  O  C  B  T
G  Ư  L  L  L  M  U  Ố  O  M  H  U  Q  R
O  C  Ờ  A  N  I  I  I  V  Q  K  Ộ  U  Ò
I  D  T  N  P  U  O  T  V  U  R  C  Y  C
H  G  H  R  G  H  G  H  H  Á  A  T  T  H
D  I  Ụ  U  Ắ  C  G  Ủ  O  N  O  H  Ắ  Ơ
H  Ả  Đ  Đ  E  N  H  O  I  Q  D  I  C  I
Q  I  Ộ  A  B  I  G  É  V  U  H  M  M  H
M  Đ  N  T  P  U  T  L  O  Â  N  T  U  V
L  Ấ  G  G  N  Ữ  H  O  À  N  G  V  V  O
K  U  C  H  I  Ế  N  L  Ư  Ợ  C  M  A  A
T  H  Ô  N  G  M  I  N  H  Y  S  I  N  H
T  H  Ờ  I  G  I  A  N  Q  G  D  T  H  L
U  V  H  I  Q  N  G  Ư  Ờ  I  C  H  Ơ  I
```

ĐỐI THỦ	THỤ ĐỘNG
TRẮNG	ĐIỂM
QUÁN QUÂN	VUA
CUỘC THI	NỮ HOÀNG
ĐƯỜNG CHÉO	QUY TẮC
NGƯỜI CHƠI	HY SINH
TRÒ CHƠI	CHIẾN LƯỢC
THÔNG MINH	THỜI GIAN
ĐEN	GIẢI ĐẤU

2 - Strumenti

```
V  H  R  B  U  D  N  G  Ọ  N  Đ  U  Ố  C
R  H  R  B  Ú  A  O  I  V  A  D  H  B  K
D  M  A  Ì  C  O  I  Ấ  U  R  U  I  Y  I
Q  B  V  Ồ  U  C  R  Y  B  C  Q  D  C  C
R  Y  Í  O  M  Ạ  T  D  B  C  M  V  A  M
Y  D  T  C  D  O  P  V  G  P  K  O  U  K
C  V  B  L  M  D  Â  Y  T  H  Ừ  N  G  C
P  H  B  I  O  B  A  P  C  K  T  B  A  O
G  P  T  O  H  Y  Á  O  T  Q  I  M  K  I
A  M  M  V  K  Ì  M  N  H  U  H  H  Y  O
D  D  V  K  É  B  R  K  H  M  K  K  H  R
P  B  M  N  O  V  A  U  R  X  K  P  K  K
C  Á  P  X  Ẻ  N  G  C  L  B  E  K  L  I
T  H  A  N  G  V  L  D  T  T  O  O  M  K
```

RÌU   BÚA
CÁP   XẺNG
KEO   KÌM
DAO   DAO CẠO
DÂY THỪNG   BÁNH XE
GIẤY   THANG
KÉO   NGỌN ĐUỐC
VÒ   VÍT

3 - Aggettivi #2

```
T  M  M  Ặ  N  K  U  M  N  T  Ự  H  À  O
Ự  H  À  Ô  L  C  T  Ạ  Ổ  H  U  U  G  N
N  S  Ú  U  T  U  H  N  I  A  M  U  B  Ó
H  Á  H  V  M  Ả  Ậ  H  D  N  G  Ọ  T  N
I  N  T  R  Ị  Ỡ  T  C  A  H  T  K  V  G
Ê  G  I  H  B  C  A  L  N  L  H  H  N  V
N  T  M  K  V  U  O  K  H  Ị  U  Ỏ  N  O
T  Ạ  A  B  U  H  Y  R  T  C  Ầ  E  H  V
H  O  G  H  K  Ị  C  H  Y  H  N  M  D  N
M  B  Ì  N  H  T  H  Ư  Ờ  N  G  Ạ  D  M
R  V  Q  I  Ô  A  M  M  Ớ  I  Đ  N  H  Q
O  Q  B  I  P  M  V  Y  C  L  Ó  H  B  U
U  L  V  C  N  V  Y  U  I  B  I  R  N  C
N  D  K  T  R  P  G  H  Q  C  T  M  N  N
```

ĐÓI	MẠNH
KHÔ	THÚ VỊ
THẬT	TỰ NHIÊN
NÓNG	BÌNH THƯỜNG
SÁNG TẠO	MỚI
MÔ TẢ	TỰ HÀO
NGỌT	MÀU MỠ
KỊCH	THUẦN
THANH LỊCH	MẶN
NỔI DANH	KHỎE MẠNH

4 - Mobili

```
B  Ă  N  G  G  H  Ế  A  N  P  G  M  G  T
C  B  Y  P  T  U  U  K  R  U  H  N  Q  D
Đ  I  V  Ă  N  G  R  K  È  M  Ế  C  A  O
Ệ  K  D  K  Ẽ  O  M  A  M  G  O  Á  P  P
M  K  N  C  M  T  P  D  C  H  Q  I  C  P
U  L  H  U  I  R  H  O  Ử  Ế  N  G  R  M
G  I  Ư  Ờ  N  G  C  Ả  A  B  N  Ố  C  E
Y  D  Y  U  Y  O  R  L  M  À  O  I  C  P
M  I  P  I  L  A  B  A  K  N  C  C  I  T
R  Đ  Y  R  L  R  U  B  O  H  L  V  Q  B
C  È  D  Y  B  U  V  B  D  C  D  L  T  U
Q  N  I  R  L  I  L  H  À  V  M  A  T  Q
B  B  G  U  U  D  B  P  Y  N  D  R  O  D
T  V  Õ  N  G  Ư  Ơ  N  G  Y  L  K  T  M
```

VÕNG
ARMOIRE
ĐỆM
CÁI GÓI
ĐI VĂNG
ĐÈN
GIƯỜNG
NỆM

BĂNG GHẾ
GHẾ BÀNH
KỆ
BÀN
GHẾ
GƯƠNG
THẢM
RÈM CỬA

5 - Pesca

```
S  I  G  K  M  Ó  C  N  I  U  G  C  Y  T
Ô  T  B  Ã  I  B  I  Ể  N  O  P  P  V  H
N  G  N  O  H  Ê  P  H  Ó  N  G  Đ  Ạ  I
G  D  Â  Y  À  U  N  Ư  Ớ  C  V  T  P  Ế
Q  C  M  T  M  D  T  N  G  V  N  O  K  T
O  L  Á  G  Ù  K  K  T  H  U  Y  Ề  N  B
O  Y  Y  I  A  H  R  Y  P  Ã  O  C  D  Ị
V  Â  Y  R  R  K  K  U  Y  B  N  Â  D  I
U  A  P  T  T  Ổ  R  C  C  L  O  N  A  L
Q  N  L  O  D  O  N  M  A  N  G  N  L  V
D  Y  T  G  M  R  H  V  Ồ  D  H  Ặ  C  R
D  L  T  R  L  M  Ồ  Q  U  I  V  N  B  B
Đ  Ạ  I  D  Ư  Ơ  N  G  A  H  I  G  A  N
P  I  A  A  N  Ấ  U  U  T  A  D  P  D  Y
```

NƯỚC	MÓC
THIẾT BỊ	HỒ
THUYỀN	HÀM
MANG	ĐẠI DƯƠNG
CÁI RỔ	KIÊN NHẪN
NẤU	CÂN NẶNG
PHÓNG ĐẠI	VÂY
MỒI	BÃI BIỂN
DÂY	MÙA
SÔNG	

6 - Aggettivi #1

```
T  C  H  Ậ  M  T  D  L  B  R  H  V  A  N
G  P  K  I  B  U  B  V  L  L  O  R  Q  G
I  Q  U  U  Ễ  H  I  P  D  D  À  I  U  H
L  U  C  R  V  N  K  Ỳ  L  Ạ  N  O  Ý  Ễ
M  U  T  T  I  T  Đ  H  P  N  H  V  Y  T
L  L  Ớ  N  K  B  L  Ạ  Ổ  Ặ  Ả  B  A  H
H  O  Ạ  T  Đ  Ộ  N  G  I  N  O  T  T  U
G  R  Ộ  N  G  L  Ư  Ợ  N  G  G  M  Q  Ậ
Đ  Ầ  Y  T  H  A  M  V  Ọ  N  G  L  D  T
L  Q  M  Ỏ  N  G  V  O  M  A  Y  B  Ồ  O
T  R  U  N  G  T  H  Ự  C  U  P  C  R  M
R  H  H  V  I  N  U  S  Â  U  U  A  H  Y
Ể  H  Ơ  T  U  Y  Ễ  T  Đ  Ố  I  M  A  N
Y  U  I  M  Q  U  A  N  T  R  Ọ  N  G  H
```

ĐẦY THAM VỌNG	QUAN TRỌNG
THƠM	CHẬM
NGHỆ THUẬT	DÀI
TUYỆT ĐỐI	HIỆN ĐẠI
HOẠT ĐỘNG	TRUNG THỰC
KHỔNG LỒ	HOÀN HẢO
KỲ LẠ	NẶNG
RỘNG LƯỢNG	QUÝ
TRẺ	SÂU
LỚN	MỎNG

7 - Geologia

```
M  D  T  V  H  Đ  S  D  P  L  P  V  T  N
I  U  B  X  Ó  Ộ  A  U  V  Ù  N  G  B  D
T  G  Ố  Ó  A  N  N  N  H  Ũ  Đ  Á  Đ  Á
O  A  X  I  T  G  H  G  C  Q  K  H  U  Q
L  M  K  M  H  Đ  Ô  N  Ú  I  L  Ử  A  O
A  L  V  Ò  Ạ  Ấ  T  H  Ạ  C  H  A  N  H
K  L  Ụ  N  C  T  R  A  P  C  A  P  R  C
P  G  B  C  H  B  R  M  M  A  P  U  P  T
H  A  N  G  Đ  Ộ  N  G  Ă  L  B  O  I  L
P  M  H  C  Q  Ị  H  A  N  C  K  G  R  V
O  Q  L  U  O  P  A  Y  G  I  P  D  Y  G
L  Ớ  P  O  C  A  V  B  Đ  U  I  A  N  A
T  I  N  H  T  H  Ể  Q  Á  M  R  Q  L  C
K  H  O  Á  N  G  S  Ả  N  M  V  A  P  V
```

AXIT
CALCIUM
HANG ĐỘNG
LỤC ĐỊA
SAN HÔ
TINH THỂ
XÓI MÒN
HÓA THẠCH
DUNG NHAM
KHOÁNG SẢN

ĐÁ
THẠCH ANH
MUỐI
MĂNG ĐÁ
NHŨ ĐÁ
LỚP
ĐỘNG ĐẤT
NÚI LỬA
VÙNG

8 - Campeggio

```
T T H I Ê N N H I Ê N H R U
M H Ồ Y C L T L S G O O Ừ T
A Ặ I T Ô I G K Ă P Đ I N K
Q M T Ế N V P C N Đ Ộ A G I
L I L T T L L A B À N N Ú I
B G Ử D R B R B Ắ H G C Â Y
Ả B A R Ù Ă Ị I N M V Õ N G
N V B Q N O N N L V Ậ M D H
Đ L U C G D O G M Q T U X L
Ồ Ề D I K H C V N D O N U K
G U V A V M D D I H Y A Ồ Y
R P R H A Ẻ D Â Y T H Ừ N G
A K O R M M I O V Q P Q G R
A T Y P P Ũ T M B Q L K Q V
```

CÂY
VÕNG
ĐỘNG VẬT
THIẾT BỊ
LA BÀN
CABIN
SĂN BẮN
XUỒNG
MŨ
DÂY THỪNG

VUI VẺ
RỪNG
LỬA
CÔN TRÙNG
HỒ
MẶT TRĂNG
BẢN ĐỒ
NÚI
THIÊN NHIÊN
LỀU

9 - Arti Visive

```
C H Â N D U N G D N L G O B
H T B I B K Đ G I Ấ Y N Ế N
A K Ứ C G K I Ế N T R Ú C Y
O G C C D H Ê Ễ U O Q T Q N
K L T M U U U T T P O Y M O
R O R A U O K H M T S T I Q
V O A L D H H À U M Á P A U
R Ẽ N G H B Ắ N N U P C Đ A
G Đ H B Ú T C H Ì Y N Á Ấ N
M A Ồ P N Y I P H Ấ N I T Đ
S Á N G T Ạ O H M Y A B S I
L N I N Ố Q N Ằ Q U O Ú É Ể
M R P H I M Ả N H K T T T M
Q N G H Ệ S Ĩ Ả N H C H Ụ P
```

KIÊN TRÚC
ĐẤT SÉT
NGHỆ SĨ
KIỆT TÁC
VẼ
SÁP
ĐỒ GỐM
THÀNH PHẦN
SÁNG TẠO
PHIM ẢNH

ẢNH CHỤP
PHẤN
BÚT CHÌ
CÁI BÚT
BỨC TRANH
QUAN ĐIỂM
CHÂN DUNG
ĐIÊU KHẮC
GIẤY NẾN

10 - Tempo

```
Q  L  T  T  R  T  R  Ư  Ớ  C  Y  O  B  R
V  V  Ư  H  N  H  H  I  T  I  C  H  Y  D
Y  G  Ơ  Á  Đ  P  N  Ậ  N  Ă  M  À  R  N
A  B  N  N  Y  Ê  P  M  P  L  C  N  T  M
M  I  G  G  T  A  M  P  H  K  R  G  H  H
S  B  L  Ị  C  H  H  H  Ú  Y  Ỷ  N  I  Ô
A  Q  A  O  Y  B  Ế  M  T  B  A  Ă  O  M
U  T  I  Q  A  Q  N  K  V  U  K  M  V  Q
N  T  A  H  Q  M  O  B  Ỷ  Ổ  O  L  V  U
H  Ô  M  N  A  Y  B  U  Ổ  I  T  R  Ư  A
R  K  B  G  G  G  S  A  C  S  Y  N  B  A
G  U  U  À  U  T  Ớ  T  U  Á  T  U  Ầ  N
G  I  Ờ  Y  R  C  M  Đ  Ồ  N  G  H  Ồ  G
R  A  P  U  N  H  Y  T  P  G  R  P  O  B
```

NĂM
HÀNG NĂM
LỊCH
THẬP KỶ
SAU
TƯƠNG LAI
NGÀY
HÔM QUA
BUỔI SÁNG
THÁNG

BUỔI TRƯA
PHÚT
ĐÊM
HÔM NAY
GIỜ
ĐỒNG HỒ
SỚM
TRƯỚC
THẾ KỶ
TUẦN

11 - Astronomia

```
B Ứ C X Ạ T L H T S S V T Đ
V Ằ Q Q U A R À L A A D Ê À
P Ũ U U C H D N U O O C N I
H M T T I U I H L B C Q L Q
I Ặ I R R P N T N Ă H Y Ử U
H T N D Ụ Ờ B I R N Ổ N A A
À T H V Ệ T I N H G I V A N
N R V T Z R C H Ò M S A O S
H Ă Â R O Ọ T H I Ê N H À Á
G N N Á D N T H A G T O B T
I G R I I G K K I C R P R I
A H U Đ A L K I V Ê P H Â N
R N G Ấ C Ự C N A Y N R H N
P I G T O C Q I K D V I U H
```

PHI HÀNH GIA	SAO BĂNG
THIÊN	TINH VÂN
BẦU TRỜI	ĐÀI QUAN SÁT
SAO CHỔI	HÀNH TINH
VŨ TRỤ	BỨC XẠ
CHÒM SAO	TÊN LỬA
PHÂN	VỆ TINH
THIÊN HÀ	TRÁI ĐẤT
TRỌNG LỰC	ZODIAC
MẶT TRĂNG	

12 - Circo

```
Đ  U  Y  Â  A  C  R  O  B  A  T  I  M  B
Ộ  A  O  M  M  Q  I  B  M  S  M  K  O  Ó
N  I  P  N  D  A  L  R  C  L  Ư  N  Q  N
G  O  K  H  M  M  T  K  L  Ừ  A  T  O  G
V  M  A  Ạ  I  I  R  H  Ề  H  O  U  Ử  B
Ậ  U  C  C  D  M  A  Á  U  T  N  N  V  A
T  K  C  V  Y  C  N  N  P  Ậ  P  G  M  Y
M  N  C  Y  É  U  G  G  B  C  T  H  L  V
A  Y  Đ  Q  I  H  P  I  V  L  C  Ứ  P  C
I  K  Ẹ  O  K  K  H  Ả  T  C  O  N  I  C
K  G  P  B  H  N  Ụ  Y  O  O  D  G  L  H
K  Q  M  B  Ỉ  T  C  C  O  N  V  O  I  Ỉ
K  K  Ắ  Y  M  A  Y  B  Y  H  R  N  B  V
P  V  T  V  I  U  I  A  N  Ổ  T  P  R  C
```

ACROBAT
ĐỘNG VẬT
VÉ
KẸO
TRANG PHỤC
CON VOI
TUNG HỨNG
SƯ TỬ
MA THUẬT

CHỈ
ÂM NHẠC
BÓNG BAY
KHỈ
ĐẸP MẮT
KHÁN GIẢ
LỀU
CON HỔ
LỪA

13 - Mitologia

```
S  I  N  H  V  Ậ  T  A  V  G  S  A  O  H
Ấ  Ứ  C  Á  C  V  Ị  T  H  Ầ  N  É  C  À
M  N  C  T  R  Ả  T  H  Ù  Q  G  M  T  N
G  K  N  M  A  V  I  O  P  Q  O  T  H  H
N  L  G  O  Ạ  Ă  D  H  C  I  M  A  T  V
T  R  U  Y  Ề  N  T  H  U  Y  Ế  T  R  I
H  Y  Y  M  Q  H  H  S  Á  N  G  T  Ạ  O
Ả  I  Ê  H  B  O  P  M  L  R  U  H  U  L
M  T  N  Y  Y  Á  C  Ó  C  H  Ế  T  E  P
H  Y  M  B  A  G  A  N  H  H  Ù  N  G  N
Ọ  Q  Ã  Q  D  H  U  Y  Ề  N  D  I  Ệ  U
A  Q  U  Á  I  V  Ậ  T  M  Ê  C  U  N  G
N  U  I  D  A  S  Ự  B  Ấ  T  T  Ử  A  P
C  H  I  Ế  N  B  I  N  H  T  T  Y  C  N
```

NGUYÊN MẪU	GHEN
HÀNH VI	CHIẾN BINH
SINH VẬT	SỰ BẤT TỬ
SÁNG TẠO	MÊ CUNG
VĂN HOÁ	TRUYỀN THUYẾT
THẢM HỌA	HUYỀN DIỆU
CÁC VỊ THẦN	CÓ CHẾT
ANH HÙNG	QUÁI VẬT
SỨC MẠNH	SẤM
SÉT	TRẢ THÙ

14 - Piante

```
I  A  M  V  Ư  Ờ  N  A  M  K  T  B  X  B
M  Y  O  K  F  Q  G  M  D  H  H  N  Ư  M
R  I  I  A  L  K  U  H  K  Ạ  Ự  O  Ơ  Y
K  N  H  Y  O  Ớ  Ồ  I  A  T  C  G  N  H
H  O  A  K  R  Ừ  N  G  K  Đ  V  A  G  K
U  I  Q  D  A  N  G  L  Y  Ậ  Ậ  T  R  E
I  V  Y  B  D  C  Ố  R  Ê  U  T  H  Ồ  P
C  R  N  Y  Ụ  Ở  C  L  V  N  H  Ự  N  O
A  D  Q  A  A  I  D  I  H  U  Ọ  C  G  B
R  K  G  G  Y  A  C  L  Á  G  C  V  Â  M
C  Á  N  H  H  O  A  Â  P  A  H  Ậ  K  Y
P  H  Â  N  B  Ó  N  O  Y  C  O  T  D  N
L  T  Q  T  C  A  D  Q  U  Ả  M  Ọ  N  G
R  G  U  B  Q  B  T  I  R  O  D  R  K  L
```

CÂY	PHÂN BÓN
QUẢ MỌNG	HOA
TRE	FLORA
THỰC VẬT HỌC	LÁ
XƯƠNG RỒNG	RỪNG
BỤI CÂY	VƯỜN
LỚN LÊN	RÊU
IVY	CÁNH HOA
CỎ	NGUỒN GỐC
HẠT ĐẬU	THỰC VẬT

15 - Spezie

```
C  H  H  V  A  Y  P  V  A  N  I  V  I  C
À  A  H  Q  Q  Y  O  T  D  G  Ừ  N  G  Â
R  G  M  D  I  R  Q  M  D  H  K  B  M  Y
I  P  P  T  U  H  A  B  V  Ễ  O  C  B  H
B  T  I  U  H  K  Q  U  Ế  I  U  A  H  Ồ
V  Q  C  C  À  Ả  K  U  M  T  I  Ê  U  I
I  Y  D  R  N  K  O  K  R  Ù  U  M  C  Y
C  Â  Y  T  H  Ì  L  À  H  C  I  U  B  I
Y  L  G  M  Ỏ  Q  M  T  H  Ả  O  Q  U  Ả
N  G  Ọ  T  C  I  U  N  G  H  Ệ  T  Â  Y
Đ  L  G  H  I  U  Ố  B  P  B  H  H  V  R
Ắ  H  U  D  A  B  I  A  N  M  V  Ì  T  C
N  H  Ụ  C  Đ  Ậ  U  K  H  Ấ  U  L  U  I
G  Ớ  T  C  Ự  A  G  À  G  G  M  À  N  O
```

TỎI	NGỌT
ĐẮNG	THÌ LÀ
CÂY HỒI	CAM THẢO
QUẾ	NHỤC ĐẬU KHẤU
THẢO QUẢ	ỚT CỰA GÀ
HÀNH	TIÊU
RAU MÙI	MUỐI
CÂY THÌ LÀ	VANI
NGHỆ	NGHỆ TÂY
CÀ RI	GỪNG

16 - Numeri

```
L  C  S  M  N  N  M  L  K  K  K  G  A  I
K  H  M  Ố  C  L  B  G  O  C  L  Q  H  B
B  Í  D  O  K  D  T  M  Ư  Ờ  I  B  A  M
H  N  N  H  H  H  Y  H  O  U  O  L  P  Ư
Y  Y  B  T  P  Y  Ô  O  Ậ  H  Y  B  N  Ờ
M  Ư  Ờ  I  S  Á  U  N  U  P  B  Ả  B  I
Ư  M  M  N  Ă  M  U  Q  G  R  P  Y  A  T
Ờ  Ư  Ư  Y  N  L  C  H  H  A  I  H  K  Á
I  Ờ  Ờ  B  Ố  N  K  A  U  V  D  I  Â  M
L  I  I  C  T  S  G  I  A  K  I  A  G  N
Ă  B  C  Q  P  Á  M  M  Ư  Ờ  I  N  U  K
M  Ố  H  T  T  U  M  Ư  Ờ  I  B  Ả  Y  V
B  N  Í  A  P  G  M  Ơ  V  H  V  H  Y  P
D  N  N  R  M  Ư  Ờ  I  H  A  I  M  M  Q
```

NĂM
THẬP PHÂN
MƯỜI CHÍN
MƯỜI BẢY
MƯỜI TÁM
MƯỜI
MƯỜI HAI
HAI
CHÍN
TÁM

MƯỜI BỐN
BỐN
MƯỜI LĂM
MƯỜI SÁU
SÁU
BẢY
BA
MƯỜI BA
HAI MƯỜI
SỐ KHÔNG

17 - Cioccolato

```
T  C  H  Ấ  T  L  Ư  Ợ  N  G  K  T  Y  B
H  Ô  I  B  Q  H  N  N  G  G  Ẹ  T  Ê  Ộ
À  N  Đ  Ắ  N  G  Ơ  I  Ọ  Đ  O  A  U  T
N  G  D  Ừ  A  C  C  M  T  Ậ  Đ  N  T  U
H  T  T  P  I  A  A  V  C  U  Ư  T  H  G
P  H  A  D  B  R  C  H  I  P  Ờ  I  Í  N
H  Ứ  V  M  P  A  A  Q  V  H  N  O  C  N
Ằ  C  A  L  O  M  O  A  B  Ộ  G  X  H  U
N  D  L  K  M  E  U  C  N  N  U  I  M  Q
N  D  T  U  Q  L  L  I  G  M  D  Y  U
L  T  M  P  K  O  P  H  U  K  H  A  M  D
Q  R  G  Y  C  D  Y  L  N  Ỳ  M  N  H  G
I  K  A  V  Ị  P  C  Q  B  L  I  T  D  H
T  U  T  K  H  G  M  U  A  Ạ  Q  P  Q  T
```

ĐẮNG
ANTIOXIDANT
ĐẬU PHỘNG
THƠM
CACAO
CALO
KẸO
CARAMEL
NGON
NGỌT

KỲ LẠ
VỊ
THÀNH PHẦN
DỪA
BỘT
YÊU THÍCH
CHẤT LƯỢNG
CÔNG THỨC
ĐƯỜNG

18 - Guida

```
G G X C A N A Đ B A M H T N
I I E R N C Q C Ư X E M Á Y
A Ấ B K T Ố C Đ Ộ Ờ G Y B P
O Y U O O Đ I B Ộ N N T L A
T P Ý U À Đ Ộ N G C Ơ G C V
H H T N N Q K Y N U H A G T
Ô É O A H A N Q N L K R P V
N P O K I Q A Y G G R A H B
G R R V Ậ N C H U Y Ể N A Ả
X E H Ơ I Q Ạ V Y H L M N N
G R G N H L C N H N D Q H Đ
O M N H I Ê N L I Ễ U N Y Ồ
C Ả N H S Á T P Ể K H Í B O
Đ Ư Ờ N G H Ầ M M U L H D H
```

XE HƠI
XE BUÝT
NHIÊN LIỆU
PHANH
GA-RA
KHÍ
TAI NẠN
GIẤY PHÉP
BẢN ĐỒ
XE MÁY

ĐỘNG CƠ
ĐI BỘ
NGUY HIỂM
CẢNH SÁT
AN TOÀN
ĐƯỜNG
GIAO THÔNG
VẬN CHUYỂN
ĐƯỜNG HẦM
TỐC ĐỘ

19 - Sport

```
L  I  Q  U  X  Q  P  B  N  G  U  K  P  T
B  I  B  C  E  D  Y  Ó  G  T  O  A  K  R
L  Ó  Q  L  Đ  Ộ  I  N  Ư  R  Y  L  V  Ò
A  P  N  O  Ạ  I  G  G  Ờ  Ợ  V  Y  F  C
T  R  I  G  P  Y  T  C  I  N  L  H  D  H
R  D  B  H  R  P  R  H  C  G  O  I  O  Ơ
Y  Y  D  C  A  Ổ  I  À  H  T  V  A  T  I
T  H  Ể  D  Ụ  C  L  Y  Ơ  À  O  P  U  P
Q  U  Ầ  N  V  Ợ  T  Ự  I  I  T  D  C  V
R  I  H  D  K  H  Ú  C  C  Ô  N  C  Ầ  U
T  O  Y  H  G  Y  M  N  A  S  I  U  M  T
S  Â  N  V  Ậ  N  Đ  Ộ  N  G  Ĩ  P  C  V
C  H  Ứ  C  V  Ô  Đ  Ị  C  H  O  N  B  I
P  H  O  N  G  T  R  À  O  H  K  C  P  L
```

TRỌNG TÀI	TRÒ CHƠI
LỰC SĨ	GOLF
BÓNG CHÀY	KHÚC CÔN CẦU
BÓNG RỔ	PHONG TRÀO
XE ĐẠP	GYMNASIUM
CHỨC VÔ ĐỊCH	ĐỘI
THỂ DỤC	SÂN VẬN ĐỘNG
NGƯỜI CHƠI	QUẦN VỢT

20 - Giocattoli

```
Đ  Ồ  T  H  Ủ  C  Ô  N  G  Y  Y  D  T  B
N  L  L  U  T  H  U  Y  Ề  N  Ê  C  H  Y
H  D  K  D  K  P  U  Y  U  N  U  T  M  C
M  G  N  D  U  T  O  T  Đ  Ấ  T  S  É  T
B  Á  T  R  Ò  C  H  Ơ  I  N  H  Á  B  Q
T  K  Y  C  Â  U  Đ  Ố  A  M  Í  C  Ó  V
B  R  I  B  B  I  U  T  A  B  C  H  N  Y
K  O  Ố  R  A  D  I  C  B  G  H  N  G  O
D  B  R  N  P  Y  I  Q  Ú  X  E  L  Ử  A
X  O  X  P  G  T  R  N  P  Y  D  I  Ề  U
E  T  E  E  N  A  S  A  B  C  Ờ  V  U  A
T  H  H  Q  Đ  T  Ơ  C  Ê  A  I  P  B  V
Ả  G  Ơ  I  U  Ạ  N  C  C  N  M  V  A  I
I  H  I  Y  B  R  P  K  T  D  U  V  H  M
```

MÁY BAY
DIỀU
ĐẤT SÉT
ĐỒ THỦ CÔNG
XE HƠI
BÚP BÊ
THUYỀN
TRỐNG
XE ĐẠP
XE TẢI

TRÒ CHƠI
SÁCH
BÓNG
YÊU THÍCH
CÂU ĐỐ
ROBOT
CỜ VUA
XE LỬA
SƠN

21 - Strumenti di Cottura

```
B  C  Q  Ấ  B  Q  I  Y  L  Y  A  I  C  T
N  À  Á  M  Ế  N  M  M  O  A  P  L  Á  Ủ
C  H  N  I  P  Ắ  I  N  P  Y  O  O  I  L
H  I  I  M  T  P  L  P  T  L  T  I  N  Ạ
A  Q  V  Ễ  À  H  Q  Q  V  Ò  M  G  Ĩ  N
O  R  L  M  T  I  Ì  G  B  T  H  Ì  A  H
N  L  U  C  Q  K  K  A  D  A  O  I  N  K
N  K  A  N  V  N  Ế  U  A  T  M  T  M  D
N  Y  G  I  R  B  B  U  O  I  Q  O  Y  N
T  O  A  S  T  E  R  D  K  I  U  T  L  R
B  Q  Q  A  O  N  D  H  É  N  B  C  M  G
Y  Y  K  Q  B  C  P  V  O  D  L  B  L  H
N  I  É  P  H  P  D  H  Q  L  Ọ  D  L  A
N  T  O  N  C  V  B  U  P  N  C  L  P  H
```

ẤM	LÒ
CHAO	TỦ LẠNH
DAO	BÀN MÀI
NẮP	DAO KÉO
CÁI THÌA	THÌA
LỌC	BẾP
KÉO	NHIỆT KẾ
CÁI NĨA	TOASTER

22 - Uccelli

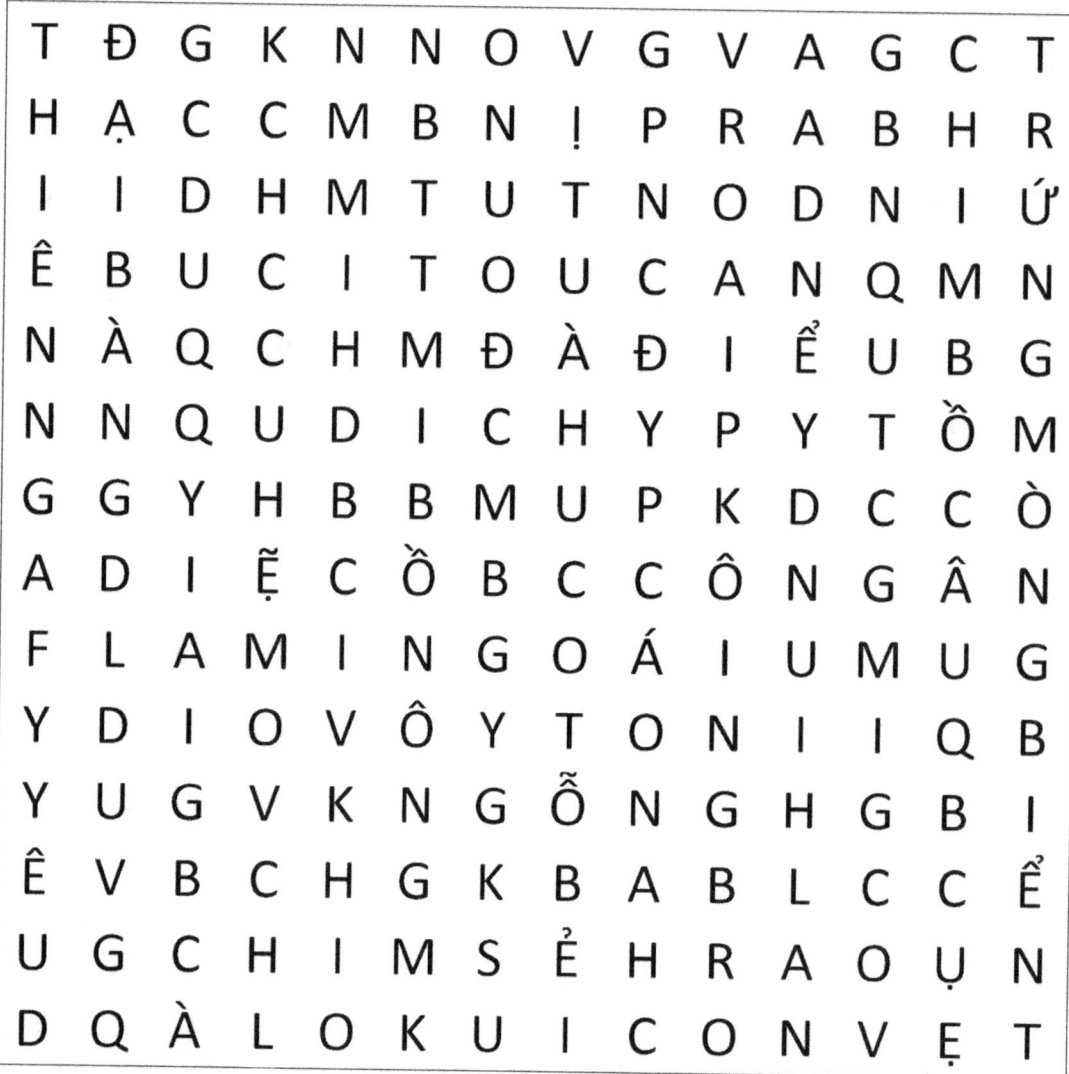

```
T  Đ  G  K  N  N  O  V  G  V  A  G  C  T
H  Ạ  C  C  M  B  N  Ị  P  R  A  B  H  R
I  I  D  H  M  T  U  T  N  O  D  N  I  Ứ
Ê  B  U  C  I  T  O  U  C  A  N  Q  M  N
N  À  Q  C  H  M  Đ  À  Đ  I  Ể  U  B  G
N  N  Q  U  D  I  C  H  Y  P  Y  T  Ồ  M
G  G  Y  H  B  B  M  U  P  K  D  C  C  Ò
A  D  I  Ễ  C  Ồ  B  C  C  Ô  N  G  Â  N
F  L  A  M  I  N  G  O  Á  I  U  M  U  G
Y  D  I  O  V  Ô  Y  T  O  N  I  I  Q  B
Y  U  G  V  K  N  G  Ỗ  N  G  H  G  B  I
Ê  V  B  C  H  G  K  B  A  B  L  C  C  Ể
U  G  C  H  I  M  S  Ẻ  H  R  A  O  Ụ  N
D  Q  À  L  O  K  U  I  C  O  N  V  Ẹ  T
```

DIỆC   CON VẸT
VỊT   CHIM SẺ
ĐẠI BÀNG   CÔNG
CÒ   BỒ NÔNG
THIÊN NGA   CHIM BỒ CÂU
YÊU   CHIM CÁNH CỤT
CHIM CU   GÀ
FLAMINGO   ĐÀ ĐIỂU
MÒNG BIỂN   TOUCAN
NGỖNG   TRỨNG

23 - Giorni e Mesi

```
T  H  Á  N  G  M  Ư  Ờ  I  I  N  T  T  M
C  I  T  H  Ứ  B  A  L  K  G  Q  H  H  A
T  H  Ứ  B  Ả  Y  B  Q  M  D  V  Á  Á  C
U  A  T  H  Ứ  S  Á  U  H  K  P  N  N  I
U  T  C  N  K  M  V  I  V  U  R  G  G  K
T  H  Á  N  G  H  A  I  R  N  C  1  B  C
H  Ứ  K  N  C  C  T  P  M  I  G  2  Ả  C
Á  N  V  K  K  T  H  Á  N  G  9  À  Y  Q
N  Ă  O  H  K  H  Á  Ủ  P  P  N  L  Y  Y
G  M  N  B  Q  Á  N  L  N  H  T  Ị  T  T
S  Q  M  Ă  Y  N  G  D  M  H  G  C  H  U
Á  C  K  Q  M  G  M  K  M  A  Ậ  H  Ứ  Ầ
U  R  U  N  T  T  Ộ  R  T  Q  A  T  T  N
T  H  Á  N  G  Ư  T  H  Ứ  H  A  I  Ư  L
```

NGÀY
NĂM
THÁNG TƯ
LỊCH
THÁNG 12
CHỦ NHẬT
THÁNG HAI
THÁNG MỘT
THỨ NĂM
THÁNG SÁU

THÁNG BẢY
THỨ HAI
THỨ BA
THỨ TƯ
THÁNG
THÁNG MƯỜI
THỨ BẢY
THÁNG 9
TUẦN
THỨ SÁU

24 - Casa

```
T  Ư  Ờ  N  G  T  C  H  G  Ư  Ơ  N  G  K
H  K  L  M  G  L  Ử  M  A  Á  Q  D  V  U
Ư  M  K  R  O  P  A  Á  R  A  C  T  O  I
V  U  R  O  O  M  S  I  A  Y  Đ  X  P  T
I  Y  K  Y  Y  V  Ổ  N  I  Y  N  È  É  M
Ẽ  Y  G  U  V  Ò  I  H  O  A  S  E  N  P
N  H  V  T  V  Y  V  À  A  V  B  Y  H  V
L  Ò  S  Ư  Ở  I  Ư  H  À  N  G  R  À  O
B  I  G  I  U  L  Ờ  T  R  Ầ  N  C  B  I
I  C  R  R  S  À  N  N  H  À  U  H  Ế  O
C  L  L  B  O  I  P  U  P  Ả  Y  Ổ  P  K
I  Q  G  I  N  U  M  T  G  C  M  I  V  D
K  L  N  Y  C  D  P  P  H  Ò  N  G  Ò  V
A  T  I  K  C  Ử  A  P  Q  C  O  K  I  G
```

GÁC XÉP	TƯỜNG
THƯ VIỆN	SÀN NHÀ
PHÒNG	CỬA
LÒ SƯỞI	HÀNG RÀO
NHÀ BẾP	VÒI
VÒI HOA SEN	CHỔI
CỬA SỔ	TRẦN
GA-RA	GƯƠNG
VƯỜN	THẢM
ĐÈN	MÁI NHÀ

25 - Ristorante #1

```
N  C  A  Y  B  T  THỰ C  Đ  ƠN  B  I
Ữ  A  P  B  Á  N  R  U  D  M  O  D  P  M
P  D  U  Y  N  ƯỚ C  X  Ố  T  Ị  K  H
H  C  B  N  H  À  B  Ế  P  B  H  Ứ  P  I
Ụ  G  L  G  M  P  Q  P  M  O  À  N  H  L
C  Đ  Ĩ  A  Ì  C  T  P  C  C  N  G  Y  M
V  Ặ  V  O  V  N  R  P  G  U  H  T  C  U
Ụ  T  D  H  T  K  I  P  Q  V  P  G  K  C
T  P  H  R  B  H  R  C  H  N  H  O  V  L
L  H  N  Ứ  T  Ă  Q  T  C  L  Ầ  G  G  À
C  Ò  Ị  P  C  N  D  Q  À  M  N  P  V  D
M  N  D  T  H  Ă  K  A  P  C  Y  B  O  R
H  G  N  A  M  N  N  N  H  B  Á  T  Y  M
L  T  Y  I  O  V  R  L  Ê  O  H  D  V  B
```

DỊ ỨNG	THỰC ĐƠN
CÀ PHÊ	BÁNH MÌ
NỮ PHỤC VỤ	ĐĨA
THỊT	CAY
THỨC ĂN	GÀ
BÁT	ĐẶT PHÒNG
DAO	NƯỚC XỐT
NHÀ BẾP	KHĂN ĂN
THÀNH PHẦN	

26 - Fantascienza

```
H  D  P  B  U  I  Y  H  L  D  T  T  O  N
L  Ử  A  R  C  A  Q  À  D  M  Ư  U  R  G
N  N  N  B  K  Y  G  N  Ổ  Q  Ơ  Y  A  U
B  Í  Ẩ  N  K  Ị  C  H  B  Ả  N  Ẽ  C  Y
Q  U  T  O  P  I  A  T  T  K  G  T  L  Ê
G  H  V  Ư  Ả  O  G  I  Á  C  L  V  E  N
I  Y  K  T  Ở  H  V  N  G  Ự  A  Ờ  O  T
K  V  D  I  R  N  A  H  D  C  I  I  M  Ử
I  A  M  Y  N  L  G  T  H  Ế  G  I  Ớ  I
S  Á  C  H  T  L  K  T  P  D  D  P  U  O
D  Y  S  T  O  P  I  A  Ư  G  Y  H  M  I
C  Ô  N  G  N  G  H  Ệ  D  Ợ  L  Q  T  O
T  H  I  Ê  N  H  À  T  L  V  N  H  Á  I
Q  O  U  R  G  T  H  Ự  C  T  Ế  G  L  B
```

NGUYÊN TỬ
NHÁI
DYSTOPIA
NỔ
CỰC
TUYỆT VỜI
LỬA
TƯƠNG LAI
THIÊN HÀ
ẢO GIÁC

TƯỞNG TƯỢNG
SÁCH
BÍ ẨN
THẾ GIỚI
ORACLE
HÀNH TINH
THỰC TẾ
KỊCH BẢN
CÔNG NGHỆ
UTOPIA

27 - Città

```
S  C  Q  V  D  D  B  Ộ  S  Ư  U  T  Ậ  P
N  Â  Ử  H  I  Ễ  U  S  Á  C  H  R  K  Đ
T  G  N  A  D  T  D  Q  B  S  H  Ư  A  Ạ
H  U  D  V  H  Y  M  P  R  Ở  T  Ờ  N  I
Ư  Y  O  G  Ậ  À  R  C  M  T  Y  N  G  H
V  B  Q  A  P  N  N  Ạ  B  H  H  G  Ư  Ọ
I  S  A  L  O  N  Đ  G  P  Ú  K  H  Ờ  C
Ễ  M  G  H  G  L  M  Ộ  M  H  H  Ọ  I  I
N  G  Â  N  H  À  N  G  N  R  Á  C  B  V
T  H  Ị  T  R  Ư  Ờ  N  G  G  C  T  Á  R
S  I  Ê  U  T  H  Ị  A  O  M  H  D  N  U
B  T  I  Ễ  M  T  H  U  Ố  C  S  G  H  P
U  K  N  O  K  U  K  A  U  K  Ạ  A  O  C
B  Ả  O  T  À  N  G  Y  S  Â  N  B  A  Y
```

SÂN BAY	BẢO TÀNG
NGÂN HÀNG	CỬA HÀNG
THƯ VIỆN	SALON
TIỆM THUỐC	TRƯỜNG HỌC
NGƯỜI BÁN HOA	SÂN VẬN ĐỘNG
BỘ SƯU TẬP	SIÊU THỊ
KHÁCH SẠN	RẠP HÁT
HIỆU SÁCH	ĐẠI HỌC
THỊ TRƯỜNG	SỞ THÚ

28 - Virtù #1

```
H  K  C  V  M  B  P  B  K  R  Đ  T  K  P
L  R  A  B  P  O  P  U  N  Ộ  Á  H  I  Đ
N  R  A  H  T  A  V  Ồ  K  N  N  Ự  Ê  A
Q  U  Y  Ế  T  Đ  Ị  N  H  G  G  C  N  M
Đ  U  V  I  N  Y  Y  C  I  L  T  T  N  M
M  Ộ  Y  H  L  D  Q  Ư  Ê  Ư  I  Ế  H  Ê
P  K  C  Ế  I  Y  P  Ờ  M  Ợ  N  B  Ã  U
T  Ố  T  L  N  Ệ  D  I  T  N  C  V  N  C
T  Ò  M  Ò  Ậ  R  U  V  Ố  G  Ậ  Y  I  D
D  Ọ  N  D  Ẹ  P  Ũ  Q  N  D  Y  L  G  L
H  Ữ  U  Í  C  H  C  G  U  U  D  V  P  L
N  G  H  Ệ  T  H  U  Ậ  T  Ả  L  Q  P  U
T  H  Ô  N  G  M  I  N  H  Y  U  K  H  L
K  H  Ô  N  N  G  O  A  N  A  P  R  T  Q
```

QUYẾN RŨ   RỘNG LƯỢNG
ĐÁNG TIN CẬY   ĐỘC LẬP
ĐAM MÊ   THÔNG MINH
NGHỆ THUẬT   KHIÊM TỐN
TỐT   KIÊN NHẪN
TÒ MÒ   THỰC TẾ
QUYẾT ĐỊNH   DỌN DẸP
BUỒN CƯỜI   KHÔN NGOAN
HIỆU QUẢ   HỮU ÍCH

29 - Compleanno

```
H  R  C  H  Y  I  O  N  Y  M  B  U  V  L
T  G  I  Y  N  I  L  C  M  I  Y  U  C  Ễ
U  K  N  Ế  N  R  P  I  B  D  L  T  K  Ă
Y  Q  O  Q  R  N  M  Y  B  Ạ  N  B  È  N
Ẹ  B  A  T  U  G  T  U  B  B  Y  K  R  M
T  D  B  H  B  À  I  H  Á  T  N  D  H  Ừ
T  R  Ẻ  Ẻ  C  Y  T  H  Ờ  I  G  I  A  N
M  U  K  D  D  R  Đ  Ặ  C  B  I  Ệ  T  G
L  Ờ  I  M  Ờ  I  O  G  N  B  N  V  V  O
R  Ị  O  C  R  K  P  U  Q  G  K  U  G  Y
N  A  C  M  H  Q  O  B  U  Q  V  I  A  T
S  Ự  K  H  Ô  N  N  G  O  A  N  V  R  V
L  V  K  B  Á  N  H  V  U  R  M  Ẻ  T  L
K  N  Ă  M  R  T  T  R  N  M  G  H  A  T
```

BẠN BÈ   NGÀY
NĂM   TRẺ
LỊCH   TUYỆT
NẾN   LỜI MỜI
HÁT   QUÀ TẶNG
BÀI HÁT   SỰ KHÔN NGOAN
THẺ   ĐẶC BIỆT
LỄ ĂN MỪNG   THỜI GIAN
VUI VẺ   BÁNH

30 - Fattoria #1

```
Y  T  C  V  L  P  H  K  K  A  T  D  N  H
L  Ợ  N  G  Ự  A  H  A  R  G  Ạ  O  Ư  Ạ
L  B  Q  P  T  P  H  Â  N  B  Ó  N  Ớ  T
H  À  N  G  R  À  O  D  M  Đ  D  K  C  G
B  V  T  N  Ư  R  N  N  Ê  À  H  E  A  I
V  Ắ  H  P  Ờ  L  A  Ô  C  N  C  Y  A  Ố
U  B  P  A  N  C  O  N  O  N  G  C  O  N
R  K  B  C  G  G  Q  G  N  Q  B  Ỏ  I  G
P  K  Y  B  H  À  P  N  M  C  Q  K  B  U
G  O  A  Y  P  Â  R  G  È  V  H  H  Ò  R
I  L  T  M  B  H  N  H  O  P  Y  Ô  P  P
K  M  Ậ  T  O  N  G  I  P  O  L  T  K  Y
C  K  P  P  N  U  B  Ẽ  C  O  B  D  A  Q
L  D  I  C  K  M  U  P  C  H  Ó  T  N  K
```

NƯỚC	CON MÈO
NÔNG NGHIỆP	ĐÀN
CON ONG	LỢN
DONKEY	MẬT ONG
TRƯỜNG	BÒ
CHÓ	GÀ
DÊ	HÀNG RÀO
NGỰA	GẠO
PHÂN BÓN	HẠT GIỐNG
CỎ KHÔ	BẮP CHÂN

31 - Paesaggi

```
V  B  H  Đ  Ầ  M  L  Ầ  Y  B  B  K  A  L
Ị  V  C  Ả  Ồ  T  M  P  U  Q  I  H  T  Đ
N  Ú  I  O  Q  I  I  C  Q  K  Y  A  Ố  Ạ
H  S  T  Y  V  L  Q  L  B  K  A  N  C  I
N  Ô  H  Y  B  Ã  I  B  I  Ể  N  G  Đ  D
Ú  N  U  M  C  N  L  U  Ể  V  A  Y  Ả  Ư
I  G  N  B  T  H  Á  C  N  Ư  Ớ  C  O  Ơ
L  B  G  A  M  N  H  Ồ  S  B  K  G  N  N
Ử  Ă  L  O  H  G  H  C  V  Ô  P  N  L  G
A  N  Ũ  V  L  U  M  M  A  T  N  T  B  A
Đ  G  N  M  P  Y  B  Q  A  B  C  G  Y  T
K  Ằ  G  I  T  Ê  B  Á  N  Đ  Ả  O  T  U
I  G  M  B  A  N  U  Q  R  P  Y  B  L  L
H  G  C  S  A  M  Ạ  C  H  A  V  T  K  R
```

THÁC NƯỚC   BIỂN
ĐỒI   NÚI
SA MẠC   ỐC ĐẢO
SÔNG   ĐẠI DƯƠNG
SÔNG BĂNG   ĐẦM LẦY
VỊNH   BÁN ĐẢO
HANG   BÃI BIỂN
ĐẢO   LÃNH NGUYÊN
HỒ   THUNG LŨNG
ĐẦM   NÚI LỬA

32 - Ristorante #2

```
N  L  Q  Q  T  M  U  L  B  N  D  G  B  U
S  Y  G  G  V  R  Y  R  Q  Ă  D  H  Ữ  O
A  P  G  I  A  V  Ị  K  B  G  N  Ế  A  M
L  T  H  T  R  Ứ  N  G  A  I  Ư  G  T  U
A  R  B  Ụ  U  Q  B  C  V  R  Ớ  B  Ố  Ố
D  Á  Ữ  Đ  C  Á  I  N  Ĩ  A  C  Y  I  I
I  I  A  Ồ  Á  V  K  G  V  U  R  G  Q  G
D  C  T  U  I  C  Ụ  O  T  Y  A  K  B  D
P  Â  R  Ố  T  B  Á  N  H  S  Ú  P  P  N
B  Y  Ư  N  H  V  I  D  A  I  B  Y  D  N
L  A  A  G  Ì  U  Y  P  T  M  A  H  D  D
Q  Q  L  R  A  M  Ó  N  K  H  A  I  V  Ị
B  Q  Y  V  P  B  O  B  L  T  U  V  Q  C
T  H  D  B  L  O  C  I  G  N  H  B  B  L
```

NƯỚC	SALAD
MÓN KHAI VỊ	SÚP
ĐỒ UỐNG	CÁ
PHỤC VỤ NAM	BỮA TRƯA
BỮA TỐI	MUỐI
CÁI THÌA	GHẾ
NGON	GIA VỊ
CÁI NĨA	BÁNH
TRÁI CÂY	TRỨNG
BĂNG	RAU

33 - Giardino

```
S  U  I  Đ  O  P  V  B  R  U  N  I  T  K
Â  A  O  Á  O  D  Q  Ă  T  K  R  C  Â  Y
N  M  P  V  D  H  K  N  Ấ  B  Y  Đ  Ấ  T
T  N  C  C  C  G  B  G  M  T  B  T  R  H
H  H  T  I  T  M  L  G  B  I  N  Y  O  L
Ư  I  Ẻ  H  O  A  Q  H  Ạ  K  U  L  V  V
Ợ  Ê  Y  G  H  T  V  Ế  T  M  H  B  T  Ự
N  N  B  C  T  C  Y  Õ  D  C  À  O  Q  Ờ
G  A  R  A  A  Y  M  Q  N  M  Ở  Q  G  N
B  Ụ  I  C  Â  Y  U  Y  C  G  A  V  L  G
G  H  À  N  G  R  À  O  W  E  E  D  S  D
D  V  L  A  Y  L  X  Ẻ  N  G  Q  O  Q  R
C  I  H  U  N  G  N  O  V  Ò  I  P  H  N
U  C  V  L  L  T  A  K  I  O  Y  I  U  M
```

CÂY	BĂNG GHẾ
VÕNG	HIÊN
BỤI CÂY	CÀO
CỎ	HÀNG RÀO
WEEDS	ĐÁ
HOA	AO
THẺ	ĐẤT
GA-RA	SÂN THƯỢNG
VƯỜN	TẤM BẠT
XẺNG	VÒI

34 - Frutta

```
Q  Q  M  O  P  T  M  M  C  D  L  Ê  N  O
U  U  T  U  K  R  R  C  H  U  Ố  I  U  G
Ả  Ả  I  H  O  Á  D  Á  K  D  K  I  K  Q
A  K  B  A  U  I  R  V  I  D  Ư  A  P  P
N  I  Y  Đ  V  B  Y  B  D  X  G  R  C  H
H  W  Y  À  Q  Ơ  Q  I  U  Ứ  O  Y  A  A
Đ  I  B  O  T  H  P  N  O  D  A  À  T  C
À  B  L  A  C  K  B  E  R  R  Y  Q  I  H
O  Y  V  Y  M  Đ  U  Đ  Ủ  L  T  U  M  A
U  B  M  U  N  Ậ  C  V  Y  L  Á  Ả  Â  N
C  Â  Y  X  U  Â  N  Đ  À  O  O  M  M  H
A  K  G  V  A  D  H  V  D  U  H  Ọ  X  Y
M  H  P  Q  A  G  O  V  H  L  A  N  Ô  A
Q  U  Ả  M  Ơ  D  A  V  I  L  I  G  I  N
```

QUẢ MƠ	TRÁI XOÀI
DỨA	TÁO
CAM	DƯA
TRÁI BƠ	BLACKBERRY
QUẢ MỌNG	CÂY XUÂN ĐÀO
CHUỐI	ĐU ĐỦ
QUẢ ANH ĐÀO	LÊ
QUẢ KIWI	ĐÀO
MÂM XÔI	MẬN
CHANH	NHO

35 - Fattoria #2

```
C Ừ U K Q N G R V H H T M Đ
L L H L N M L G Q Ị T H Ẻ Ồ
T Ú R B M Á Y K É O T Ủ M N
N P A Y B H O D G A R Y V G
P U U M B T L K P L Á L A C
Y K A T Ạ Y P Y H R I Ợ H Ỏ
L Y C C I C H Í N G C I T V
G N N L T D H S Ữ A Â G D A
N K Y O Ổ B N R M C Y D P M
B G H P O C Ố I X A Y G I Ó
O H Ỗ M N V Ự A G T L U G C
P N Ô N G D Â N K Y V K V N
C Đ Ộ N G V Ậ T H Ứ C Ă N G
B V R O M Q Y L L Ú A M Ì Ô
```

NÔNG DÂN
TỔ ONG
VỊT
ĐỘNG VẬT
THỨC ĂN
VỰA
TRÁI CÂY
THẺ
LÚA MÌ
THỦY LỢI

SỮA
NGÔ
CHÍN
CỐI XAY GIÓ
NGỖNG
LÚA MẠCH
CỪU
ĐỒNG CỎ
MÁY KÉO
RAU

36 - Dinosauri

```
R N C U R T M I I I H T U H
A O K Í C H T H Ư Ớ C Á N H
P M Ạ N H M Ẽ Y L Q R L I Ó
T N T Y I P M G I B D U P A
O I V H N B B Ò S Á T Ẩ G T
R V G O Ờ Y A Đ U Ô I N I H
L O À I I I A A T P Ế Q D Ạ
Ớ R T U H M T O M O N U B C
N E H R M H A I O K H Ẩ I H
U D U N Á L N M Ề P Ó N Ế O
O B R K C I D G Ú N A D N N
D V T P A K Đ B M T S I M D
H T I R B D L Ấ T K B Ử Ấ D
T C Q D O N R O T B M T T M
```

CÁNH
ĐUÔI
TIẾN HÓA
HÓA THẠCH
LỚN
VOI MA MÚT
OMNIVORE
MẠNH MẼ

THỜI TIỀN SỬ
RAPTOR
BÒ SÁT
BIẾN MẤT
LOÀI
KÍCH THƯỚC
TRÁI ĐẤT
LUẨN QUẨN

37 - Verdure

```
Q  C  D  N  U  P  T  D  A  C  Q  B  A  S
G  R  C  T  T  Y  B  A  K  Ầ  N  A  D  A
C  À  T  Í  M  Ỏ  A  A  Y  N  Đ  U  R  L
O  D  K  T  Ù  M  I  N  G  T  C  Ậ  A  A
K  H  O  A  I  T  Â  Y  Ừ  Â  Ủ  C  U  D
N  D  C  U  T  M  R  R  N  Y  H  Ủ  B  O
H  À  N  H  Â  A  Q  T  G  M  Ẹ  C  I  O
D  V  K  V  Y  U  P  T  B  B  N  Ả  N  K
B  Ô  N  G  C  Ả  I  X  A  N  H  I  A  C
Q  U  Ả  B  Í  N  G  Ô  Ô  Y  M  V  T  À
D  Ư  A  C  H  U  Ộ  T  C  L  H  H  I  C
C  P  M  L  C  À  R  Ố  T  H  I  V  S  H
H  U  V  M  R  R  M  A  L  K  D  U  Ô  U
T  N  Ấ  M  Q  U  T  Q  C  N  I  K  U  A
```

TỎI
BÔNG CẢI XANH
ATISÔ
CÀ RỐT
DƯA CHUỘT
HÀNH
NẤM
SALAD
CÀ TÍM
Ô LIU

KHOAI TÂY
ĐẬU
CÀ CHUA
MÙI TÂY
CỦ CẢI
CỦ HẸ
CẦN TÂY
RAU BINA
GỪNG
QUẢ BÍ NGÔ

38 - Scuola #2

```
G  V  Ă  N  H  Ọ  C  Y  L  G  T  M  D  M
I  H  Ọ  C  G  I  Ấ  Y  Ị  N  H  Á  G  Ô
Á  A  Q  O  I  Ữ  Q  C  C  D  Ư  Y  V  N
O  Q  V  Q  Á  A  P  B  H  R  V  T  Y  T
V  P  K  É  O  V  A  H  S  D  I  Í  G  O
I  V  T  B  D  K  L  H  Á  B  Ễ  N  I  Á
Ê  Đ  Ọ  C  Ụ  O  H  R  C  P  N  H  À  N
N  B  Ú  T  C  H  Ì  O  H  T  Y  P  Y  T
T  Ừ  Đ  I  Ể  N  X  A  A  H  B  P  O  T
T  R  Ò  C  H  Ơ  I  E  R  H  L  U  H  V
M  Y  P  O  D  G  M  G  B  V  Ọ  O  I  T
H  K  T  Y  R  P  Y  V  A  U  L  C  O  K
T  A  H  U  P  D  N  N  L  G  Ý  U  U  R
D  N  L  C  N  A  L  G  Ô  H  M  T  P  L
```

HỌC	NGỮ PHÁP
XE BUÝT	GIÁO VIÊN
THƯ VIỆN	VĂN HỌC
LỊCH	ĐỌC
GIẤY	SÁCH
MÁY TÍNH	MÔN TOÁN
TỪ ĐIỂN	BÚT CHÌ
GIÁO DỤC	GIÀY
KÉO	KHOA HỌC
TRÒ CHƠI	BA LÔ

39 - Barbecue

```
B  Ữ  A  T  Ố  I  A  R  T  P  B  G  L  C
B  C  P  I  Q  O  Y  C  H  Y  Q  P  H  H
B  R  O  Ê  K  P  R  Q  Ứ  C  Y  D  M  O
G  Ữ  T  U  A  R  I  B  C  À  C  H  U  A
Q  L  A  R  V  A  M  P  Ă  I  O  U  Ố  R
M  I  L  T  Á  L  G  V  N  G  O  D  I  O
D  T  C  K  R  I  I  I  B  Y  B  U  V  H
N  Ó  N  G  O  Ư  C  U  A  D  A  O  Đ  L
L  Ờ  I  M  Ờ  I  A  Â  G  Đ  C  C  Ó  M
R  O  Â  M  N  H  Ạ  C  Y  B  Ì  N  I  Ù
N  Ư  Ớ  N  G  H  À  N  H  Y  Q  N  Y  A
T  R  Ò  C  H  Ơ  I  K  O  U  L  C  H  H
S  A  L  A  D  S  N  Ư  Ớ  C  X  Ố  T  È
T  G  À  A  N  H  M  B  U  B  T  T  O  I
```

NÓNG	NƯỚNG
BỮA TỐI	SALADS
THỨC ĂN	LỜI MỜI
HÀNH	ÂM NHẠC
DAO	TIÊU
MÙA HÈ	GÀ
ĐÓI	CÀ CHUA
GIA ĐÌNH	BỮA TRƯA
TRÁI CÂY	MUỐI
TRÒ CHƠI	NƯỚC XỐT

40 - Riempire

```
U  H  H  Y  U  Q  V  H  L  Q  V  K  U  T
P  I  Ộ  N  B  G  T  R  H  D  A  K  M  A
P  H  P  I  G  Q  À  T  N  M  L  R  L  L
T  P  Y  C  M  Ă  U  K  V  V  I  T  R  Q
D  N  M  Á  A  Y  N  H  H  T  M  Ú  M  D
U  K  Q  I  L  R  B  K  N  P  T  I  H  K
P  M  U  R  A  P  T  Q  É  H  K  R  D  D
I  R  U  Ổ  V  V  K  O  T  O  K  I  C  Q
P  H  O  N  G  B  Ì  H  N  P  H  H  H  T
V  T  N  T  Ó  N  G  Ố  N  G  A  T  A  H
V  K  V  Y  I  T  R  V  K  H  Y  H  I  Ù
Q  V  Y  U  H  O  O  I  H  T  L  D  L  N
O  I  Q  C  Q  B  B  X  A  B  Ì  N  H  G
T  H  Ư  M  Ụ  C  A  C  Ô  G  T  G  P  K
```

THÙNG
TÚI
CHAI
PHONG BÌ
THƯ MỤC
CARTON
NGĂN KÉO
CÁI RỔ

TÀU
GÓI
HỘP
XÔ
ỐNG
VA LI
BÌNH
KHAY

41 - Insetti

```
S  Â  U  G  O  V  T  L  A  V  B  C  L  R
L  O  M  I  K  G  K  N  H  Q  Y  À  V  U
M  M  K  G  I  Á  N  V  O  C  U  O  N  G
B  Ố  C  A  U  T  M  V  K  L  Ấ  C  B  B
D  Ọ  I  C  O  N  V  E  S  Ầ  U  À  Ư  Ọ
M  Y  C  T  H  A  G  Q  D  R  T  O  Ớ  C
R  I  H  H  M  Â  M  U  Ỗ  I  R  H  M  Á
M  I  O  O  É  K  U  U  V  K  Ù  G  Đ  N
L  O  R  Ệ  P  T  B  C  M  N  N  R  Ê  H
B  Ọ  N  G  Ự  A  V  O  H  O  G  Q  M  C
Ư  Q  E  A  K  I  Ế  N  Q  Ấ  V  D  P  Ứ
Ớ  T  T  P  O  M  V  O  V  O  U  N  L  N
M  Y  U  Y  M  K  L  N  A  Q  Q  I  O  G
L  A  D  Y  B  U  G  G  G  N  A  L  P  M
```

RỆP
CON ONG
HORNET
CHÂU CHẤU
CON VE SẦU
LADYBUG
BỌ CÁNH CỨNG
BƯỚM ĐÊM
BƯỚM
KIẾN

ẤU TRÙNG
CÀO CÀO
BỌ NGỰA
BỌ CHÉT
GIÁN
MỐI
SÂU
ONG
MUỖI

42 - Erboristeria

```
Ẩ  U  C  H  Ấ  T  L  Ư  Ợ  N  G  O  K  H
M  X  R  A  U  T  H  Ì  L  À  G  Q  O  Ú
T  P  A  O  R  B  O  Y  L  T  T  G  R  N
H  U  N  N  R  Ạ  A  M  Ù  I  T  Â  Y  G
Ự  Y  C  R  H  C  Y  L  I  T  H  T  V  Q
C  H  Q  L  L  H  G  Á  L  I  Ơ  H  P  U
X  B  V  Q  L  À  V  K  P  V  M  À  B  Ế
G  Ạ  H  O  A  O  Ả  I  H  Ư  Ơ  N  G  T
K  I  H  O  A  I  T  N  O  Ờ  T  H  C  H
T  N  Ấ  Ư  A  O  U  H  M  N  H  P  L  Ì
L  R  V  M  Ơ  Y  T  G  G  R  N  H  C  L
G  C  R  L  I  N  Y  I  T  U  U  Ẳ  G  À
A  M  O  H  Q  U  G  Ớ  Ỏ  Y  L  N  U  K
O  R  E  G  A  N  O  I  I  R  U  Y  K  B
```

TỎI   THÀNH PHẦN
RAU THÌ LÀ   HOA OẢI HƯƠNG
THƠM   LÁ KINH GIỚI
HÚNG QUẾ   BẠC HÀ
ẨM THỰC   OREGANO
GIẤM   MÙI TÂY
THÌ LÀ   CHẤT LƯỢNG
HOA   XẠ HƯƠNG
VƯỜN   XANH

43 - Danza

```
U U G B O A K T C V T Y P U
Â M L C T A H N Q Y B K U H
G M G Ơ C Ổ Đ I Ể N C T K Q
N U N T R U Y Ề N T H Ố N G
U H A H O P O R O B G D G Y
Y I Ả Ể Ạ C Ả M X Ú C C H N
P I U Y D C Đ Ố I T Á C Ệ H
P H O N G T R À O Ư L G T Ị
V Ă N H Ó A D R V T P B H P
U Ă T H V G P N T H T R U M
I B N C A H I Y I Ế B N Ậ D
V V T H Ọ C V I Ễ N Â N T D
Ẻ M C H O R E O G R A P H Y
A B R A D Á T R Ự C Q U A N
```

HỌC VIỆN   VUI VẺ
NGHỆ THUẬT   ÂN
CỔ ĐIỂN   PHONG TRÀO
ĐỐI TÁC   ÂM NHẠC
CHOREOGRAPHY   TƯ THẾ
CƠ THỂ   NHỊP
VĂN HOÁ   NHẢY
VĂN HÓA   TRUYỀN THỐNG
CẢM XÚC   TRỰC QUAN

44 - Scuola #1

```
I  A  L  G  T  H  D  Đ  B  Ú  T  Đ  U  I
D  K  P  A  H  L  R  B  Ố  M  M  D  Ọ  O
M  R  O  K  Ư  K  M  Ữ  B  I  B  G  P  C
H  V  C  D  V  C  B  A  N  D  G  I  Ấ  Y
M  U  B  U  I  Â  T  T  C  T  H  Á  Y  T
Q  I  N  O  Ễ  U  L  R  I  R  Ế  O  L  I
U  V  P  H  N  T  H  Ư  M  Ụ  C  V  A  N
M  Ẻ  B  À  N  R  Y  A  M  M  K  I  V  O
B  Ô  Ạ  B  R  Ả  K  D  T  L  P  Ê  H  V
A  T  N  Ú  V  L  Ớ  P  H  Ọ  C  N  D  N
I  H  B  T  Q  Ờ  K  S  Á  C  H  C  G  O
H  I  È  C  O  I  M  Ố  N  V  B  P  B  M
V  R  R  H  G  Á  L  B  O  G  B  K  I  Q
Q  U  M  Ì  B  Ả  N  G  C  H  Ữ  C  Á  I
```

BẢNG CHỮ CÁI	SÁCH
BẠN BÈ	MÔN TOÁN
LỚP HỌC	BÚT CHÌ
THƯ VIỆN	SỐ
GIẤY	BÚT
THƯ MỤC	BỮA TRƯA
VUI VẺ	ĐỐ
THI	CÂU TRẢ LỜI
GIÁO VIÊN	BÀN
ĐỌC	GHẾ

45 - Fiori

```
H  Ư  Ớ  N  G  D  Ư  Ơ  N  G  P  L  B  P
P  O  U  H  O  A  H  Ồ  N  G  L  R  Ó  P
B  O  A  H  R  I  R  L  N  H  U  H  H  D
K  N  P  O  T  S  L  P  G  O  M  O  O  R
D  L  P  P  Ả  Y  D  K  H  A  E  A  A  J
G  Â  P  C  Y  I  P  U  V  B  R  M  B  A
A  C  M  Ỏ  B  T  H  B  K  Ồ  I  Ẫ  Y  S
R  Á  A  B  R  R  O  Ư  N  C  A  U  U  M
D  N  G  A  Ụ  L  N  V  Ơ  Ô  K  Đ  D  I
E  H  N  L  N  T  G  L  Q  N  P  Ơ  C  N
N  H  O  Á  Q  Y  L  M  U  G  G  N  B  E
I  O  L  D  H  O  A  L  O  A  K  È  N  H
A  A  I  Q  D  Y  N  P  Y  N  T  P  A  Q
K  Y  A  T  Ử  Đ  I  N  H  H  Ư  Ơ  N  G
```

BỒ CÔNG ANH	DAISY
GARDENIA	BÓ HOA
JASMINE	PHONG LAN
HOA LOA KÈN	POPPY
HƯỚNG DƯƠNG	HOA MẪU ĐƠN
DÂM BỤT	CÁNH HOA
HOA OẢI HƯƠNG	PLUMERIA
TỬ ĐINH HƯƠNG	HOA HỒNG
MAGNOLIA	CỎ BA LÁ

46 - Ecologia

```
P  T  H  I  Ê  N  N  H  I  Ê  N  B  Q  T
C  Ộ  N  G  Đ  Ồ  N  G  P  P  H  Ề  H  T
I  Y  H  L  D  M  K  P  H  D  A  N  B  C
T  N  I  O  C  Â  Y  D  G  B  O  V  K  A
R  T  O  À  N  C  Ầ  U  V  O  H  Ữ  Y  D
S  H  M  I  M  P  V  U  R  I  Đ  N  B  T
H  Ự  Đ  A  D  Ạ  N  G  B  C  Ộ  G  K  Ự
D  C  S  Q  R  D  M  F  H  Ạ  N  H  Á  N
V  V  K  Ố  L  S  V  L  A  L  G  Ú  B  H
K  Ậ  M  V  N  N  H  O  Y  U  V  C  I  I
H  T  M  Q  D  G  I  R  B  K  Ậ  T  Ể  Ê
K  H  Í  H  Ậ  U  C  A  N  G  T  M  N  N
P  R  T  D  I  B  Q  Ò  T  B  K  D  T  R
I  O  O  A  K  T  À  I  N  G  U  Y  Ê  N
```

KHÍ HẬU	TỰ NHIÊN
CỘNG ĐỒNG	MARSH
ĐA DẠNG	CÂY
ĐỘNG VẬT	TÀI NGUYÊN
FLORA	HẠN HÁN
TOÀN CẦU	SỰ SỐNG CÒN
BIỂN	BỀN VỮNG
NÚI	LOÀI
THIÊN NHIÊN	THỰC VẬT

47 - Discipline Scientifiche

```
K  T  A  Q  O  R  K  V  S  I  A  M  L  S
H  G  Â  P  K  L  H  K  I  N  B  I  Q  I
Í  Ó  V  M  G  Y  Ả  K  N  Q  Y  Ễ  L  N
T  N  A  L  L  Y  O  K  H  O  Á  N  G  H
Ư  G  H  H  M  Ý  C  I  L  G  D  D  Y  H
Ợ  Ô  Ó  P  Ọ  H  Ổ  V  Ý  T  P  Ị  R  Ọ
N  N  A  R  P  C  H  D  H  Q  M  C  Q  C
G  N  S  V  G  R  Ọ  Q  Ọ  H  Q  H  U  G
H  G  I  Q  Q  D  C  N  C  C  Ơ  K  H  Í
Ọ  Ữ  N  T  H  Ầ  N  K  I  N  H  Y  P  M
C  R  H  I  C  X  Ã  H  Ộ  I  H  Ọ  C  H
T  H  I  Ê  N  V  Ă  N  H  Ọ  C  V  Y  C
T  H  Ự  C  V  Ậ  T  H  Ọ  C  Q  K  O  M
G  I  Ả  I  P  H  Ẫ  U  H  Ọ  C  M  M  V
```

GIẢI PHẪU HỌC   MIỄN DỊCH
KHẢO CỔ HỌC   NGÔN NGỮ
THIÊN VĂN HỌC   CƠ KHÍ
HÓA SINH   KHÍ TƯỢNG HỌC
SINH HỌC   KHOÁNG
THỰC VẬT HỌC   THẦN KINH
HÓA HỌC   TÂM LÝ
SINH LÝ HỌC   XÃ HỘI HỌC

48 - Scienza

```
T  R  Ọ  N  G  L  Ự  C  P  K  A  P  K  G
G  O  C  I  U  P  H  Â  H  V  N  H  H  I
U  G  A  T  A  P  D  Y  Â  T  K  Ư  O  Ả
K  H  Í  H  Ậ  U  Ữ  T  N  T  V  Ơ  Á  T
T  V  H  Y  Y  C  L  I  T  I  K  N  N  H
H  H  Ậ  Ó  D  Q  I  H  Ử  Ế  Y  G  G  U
I  Ó  Í  T  A  O  Ễ  Ạ  L  N  Q  P  S  Y
Ê  A  Y  N  L  T  U  T  G  H  U  H  Ả  Ế
N  C  T  G  G  Ý  H  A  T  Ó  A  Á  N  T
N  H  P  T  A  H  V  Ạ  O  A  N  P  C  Y
H  Ấ  I  L  H  M  I  A  C  A  S  L  N  Y
I  T  H  Ự  C  T  Ế  Ễ  D  H  Á  Q  U  Y
Ê  Y  V  A  L  V  Y  Q  M  Q  T  G  M  O
N  G  U  Y  Ê  N  T  Ử  V  C  L  Q  Q  B
```

NGUYÊN TỬ	TRỌNG LỰC
HÓA CHẤT	GIẢ THUYẾT
KHÍ HẬU	PHƯƠNG PHÁP
DỮ LIỆU	KHOÁNG SẢN
THÍ NGHIỆM	PHÂN TỬ
TIẾN HÓA	THIÊN NHIÊN
THỰC TẾ	QUAN SÁT
VẬT LÝ	HẠT
HÓA THẠCH	CẦY

49 - Acqua

```
H  G  G  O  U  B  S  K  K  P  S  B  T  B
Ồ  E  B  V  V  K  Ó  Q  R  M  Ư  A  P  H
Q  Y  T  U  Ò  V  N  K  V  U  Ơ  Y  A  Ơ
C  S  U  M  M  I  G  G  P  V  N  H  M  I
U  E  Y  U  A  C  H  Y  D  M  G  Ơ  P  N
A  R  Ế  Đ  Q  L  Ơ  O  K  U  G  I  S  Ư
K  L  T  Ạ  L  Ũ  G  N  A  U  I  N  Ô  Ớ
H  Y  G  I  K  L  I  Ư  B  S  Á  K  N  C
C  K  K  D  I  Ụ  D  Ớ  N  Ã  E  R  G  G
V  G  D  Ư  Đ  T  T  C  T  D  O  N  I  U
K  N  O  Ơ  Ộ  Q  T  Đ  U  O  Y  T  Ó  Y
T  Ê  O  N  Ẩ  D  N  Á  G  Q  R  P  M  T
U  Ố  N  G  M  O  U  I  C  P  T  L  Ù  V
C  Q  T  H  Ủ  Y  L  Ợ  I  G  P  K  A  O
```

LŨ LỤT
KÊNH
VÒI HOA SEN
BAY HƠI
SÔNG
SƯƠNG GIÁ
GEYSER
NƯỚC ĐÁ
THỦY LỢI
HỒ

GIÓ MÙA
TUYẾT
ĐẠI DƯƠNG
SÓNG
MƯA
UỐNG
ĐỘ ẨM
CƠN BÃO
HƠI NƯỚC

50 - Gatti

```
B  L  Q  H  M  N  H  Y  O  Y  T  Y  Q  V
R  Y  I  N  A  Q  P  R  Q  Q  L  Q  A  U
C  T  H  M  C  B  U  Ồ  N  C  Ư  Ờ  I  I
N  H  A  N  H  O  A  N  G  D  Ã  U  T  T
O  Ợ  C  Đ  U  Ô  I  U  H  K  U  V  Ò  Ư
T  S  H  V  Ộ  S  G  I  L  R  Y  K  M  Ơ
Y  Ă  Â  Đ  T  M  Ợ  T  U  D  M  N  Ò  I
V  N  N  I  Ộ  H  G  I  R  B  D  G  B  C
O  K  Y  Ê  Q  C  Á  T  Í  N  H  Ủ  U  K
A  V  Y  N  I  A  L  M  M  V  V  U  G  Q
H  I  B  V  L  D  C  Ậ  Q  Q  O  C  V  A
N  H  Ú  T  N  H  Á  T  P  A  Y  A  Í  U
B  K  B  P  R  L  M  I  B  B  I  H  H  T
I  L  N  B  B  G  V  I  P  N  L  U  U  D
```

THỢ SĂN	ĐIÊN
ĐUÔI	CÁ TÍNH
TÒ MÒ	ÍT
BUỒN CƯỜI	HOANG DÃ
NGỦ	NHÚT NHÁT
SỢI	CHUỘT
VUI TƯƠI	NHANH
ĐỘC LẬP	CHÂN

51 - Surf

```
N N T R A Đ C Ự C V Y Y S M
O G H C T Á G H H L R D Ứ P
B Ư Ờ H N M I R È B T Q C K
A Ờ I Y Q Đ P B O B Ọ T M Đ
N I T B U Ô I H C Ã A Ố Ạ Ạ
R B I D Á N G B Ổ I O C N I
L Ắ Ế D N G D Ụ V B A Đ H D
Ự T T K Q S Ó N G I I Ộ H Ư
C Đ R B U B Y G C Ể P Ế K Ơ
S Ằ Ả I Â M N P I N V H N N
Ĩ U L Q N L K C P O U O U G
Q L Ạ P V L Y G G L I U A N
Y G I V V Y B R C U V K R G
P H O N G C Á C H P Ẻ K U P
```

LỰC SĨ
QUÁN QUÂN
VUI VẺ
CỰC
ĐÁM ĐÔNG
SỨC MẠNH
THỜI TIẾT
ĐẠI DƯƠNG
SÓNG
CHÈO

PHỔ BIẾN
NGƯỜI BẮT ĐẦU
BỌT
TRẢ LẠI
BÃI BIỂN
PHUN
PHONG CÁCH
BỤNG
TỐC ĐỘ

52 - Imbarcazioni

```
Y  S  G  N  D  P  N  M  P  H  A  O  P  G
N  P  Ó  T  H  Ủ  Y  T  H  Ủ  P  N  A  C
X  U  Ồ  N  G  Q  Đ  B  I  Ể  N  H  P  Ộ
N  U  P  O  G  N  Ộ  È  H  D  D  Ả  À  T
Đ  Ạ  I  D  Ư  Ơ  N  G  À  U  Â  I  I  B
O  G  Y  Y  V  V  G  T  N  T  Y  L  G  U
A  R  A  U  U  G  C  H  H  H  T  Ý  G  Ồ
P  L  T  Y  K  K  Ơ  Ủ  Đ  U  H  H  H  M
H  S  K  U  M  R  P  Y  O  Y  Ừ  Ồ  H  G
Y  Ô  B  A  K  R  T  T  À  Ề  N  L  A  H
C  N  P  C  Y  U  O  R  N  N  G  H  P  R
M  G  L  U  D  A  H  I  N  E  O  U  R  Q
U  B  R  O  L  U  K  Ề  U  D  V  Q  Y  B
T  H  U  Y  Ề  N  B  U  Ồ  M  M  M  T  R  V
```

CỘT BUỒM
NEO
THUYỀN BUỒM
PHAO
XUỒNG
DÂY THỪNG
PHI HÀNH ĐOÀN
SÔNG
KAYAK
HỒ

BIỂN
THỦY TRIỀU
THỦY THỦ
ĐỘNG CƠ
HẢI LÝ
ĐẠI DƯƠNG
SÓNG
PHÀ
DU THUYỀN
BÈ

53 - Api

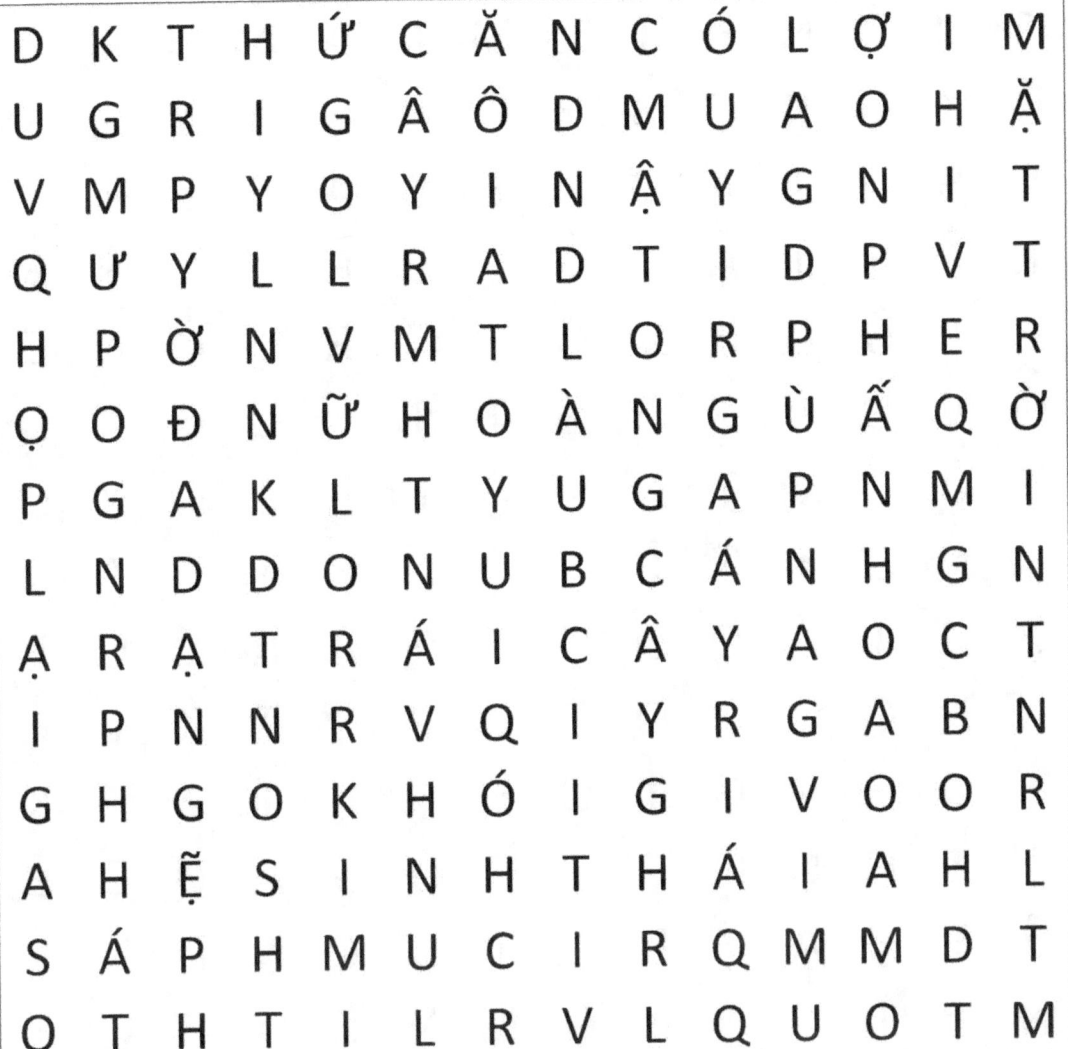

```
D  K  T  H  Ứ  C  Ă  N  C  Ó  L  Ợ  I  M
U  G  R  I  G  Â  Ô  D  M  U  A  O  H  Ặ
V  M  P  Y  O  Y  I  N  Ậ  Y  G  N  I  T
Q  Ư  Y  L  L  R  A  D  T  I  D  P  V  T
H  P  Ờ  N  V  M  T  L  O  R  P  H  E  R
Ọ  O  Đ  N  Ữ  H  O  À  N  G  Ù  Ấ  Q  Ờ
P  G  A  K  L  T  Y  U  G  A  P  N  M  I
L  N  D  D  O  N  U  B  C  Á  N  H  G  N
Ạ  R  Ạ  T  R  Á  I  C  Â  Y  A  O  C  T
I  P  N  N  R  V  Q  I  Y  R  G  A  B  N
G  H  G  O  K  H  Ó  I  G  I  V  O  O  R
A  H  Ệ  S  I  N  H  T  H  Á  I  A  H  L
S  Á  P  H  M  U  C  I  R  Q  M  M  D  T
O  T  H  T  I  L  R  V  L  Q  U  O  T  M
```

CÁNH
HIVE
CÓ LỢI
SÁP
THỨC ĂN
ĐA DẠNG
HỆ SINH THÁI
HOA
TRÁI CÂY

KHÓI
VƯỜN
CÔN TRÙNG
MẬT ONG
CÂY
PHẤN HOA
NỮ HOÀNG
HỌP LẠI
MẶT TRỜI

54 - Conservazione

```
S  V  Ô  N  H  I  Ễ  M  X  A  N  H  C  C
Ứ  K  G  K  Ư  B  H  Q  U  G  B  Y  I  K
C  B  H  I  A  Ớ  X  E  Đ  Ạ  P  P  I  V
K  Ề  H  Í  Ả  I  C  R  C  R  L  T  R  R
H  N  Ữ  U  H  M  Ô  I  T  R  Ư  Ờ  N  G
Ở  V  U  U  C  Ậ  G  T  T  I  U  G  R  D
E  Ữ  C  M  Y  N  U  Á  L  R  D  O  Y  U
T  N  Ơ  T  H  Ệ  S  I  N  H  T  H  Á  I
Ự  G  I  Á  O  D  Ụ  C  G  A  R  V  U  P
N  H  G  O  O  Q  T  H  P  O  T  K  L  C
H  O  G  R  G  T  O  Ế  U  K  I  A  H  K
I  T  H  U  Ố  C  T  R  Ừ  S  Â  U  C  B
Ê  T  H  A  Y  Đ  Ổ  I  U  C  N  D  N  L
N  T  Ì  N  H  N  G  U  Y  Ễ  N  B  G  I
```

NƯỚC
MÔI TRƯỜNG
THAY ĐỔI
XE ĐẠP
KHÍ HẬU
HỆ SINH THÁI
GIÁO DỤC
Ô NHIỄM
TỰ NHIÊN

HỮU CƠ
THUỐC TRỪ SÂU
TÁI CHẾ
GIẢM
SỨC KHỎE
BỀN VỮNG
XANH
TÌNH NGUYỆN

55 - Strumenti Musicali

```
Q  N  G  T  M  C  B  A  K  K  M  S  L  D
N  K  H  A  R  M  O  N  I  C  A  Á  Ụ  À
D  L  I  Đ  À  N  H  Ạ  C  A  N  O  C  N
T  L  A  I  À  N  M  O  N  U  D  M  L  N
R  R  D  Ư  Ơ  N  G  C  Ầ  M  O  H  Ạ  H
Ố  B  O  Y  M  G  G  P  C  T  L  Đ  C  Ạ
N  O  C  M  N  N  U  H  H  Q  I  G  Ù  C
G  R  L  C  B  T  K  U  I  A  N  Õ  U  I
Y  B  A  S  S  O  È  C  Ê  T  U  C  N  K
N  K  R  P  K  G  N  Q  N  P  A  E  P  H
B  D  I  M  V  D  K  E  G  C  V  L  H  I
Đ  À  N  V  I  Ô  L  Ô  N  G  U  L  K  P
P  C  E  K  C  S  A  X  O  P  H  O  N  E
V  K  T  U  G  M  A  R  I  M  B  A  G  A
```

HARMONICA
ĐÀN HẠC
ĐÙI
BASS
ĐÀN GHI TA
CLARINET
DÀN NHẠC
SÁO
CHIÊNG
MANDOLIN

MARIMBA
GÕ
DƯƠNG CẦM
SAXOPHONE
LỤC LẠC
TRỐNG
KÈN
TROMBONE
ĐÀN VI Ô LÔNG
CELLO

56 - Professioni #2

```
G  R  K  N  H  À  X  U  Ấ  T  B  Ả  N  N
I  I  N  H  À  B  Á  O  I  T  Y  O  H  H
D  B  Á  C  S  Ĩ  T  H  Ủ  T  H  Ư  À  I
C  N  H  O  N  H  A  S  Ĩ  Y  Q  O  H  Ế
C  H  V  L  V  G  I  Á  O  S  Ư  R  Ó  P
D  O  Í  P  H  I  H  À  N  H  G  I  A  Ả
M  Ạ  M  N  G  Q  Ê  K  Q  K  M  Q  H  N
N  I  O  Q  H  R  N  N  Y  C  Y  P  Ọ  H
H  Ô  V  Y  H  T  H  Á  M  T  Ử  H  C  G
Ọ  K  N  N  U  T  R  I  Ế  T  G  I  A  I
A  Ỹ  M  G  L  T  H  Ị  R  Q  Y  C  I  A
S  S  C  R  D  U  M  L  G  N  T  Ô  R  Q
Ĩ  Ư  K  Y  D  Â  Y  L  L  I  G  N  V  D
N  H  À  N  G  Ô  N  N  G  Ữ  A  G  H  D
```

NÔNG DÂN
PHI HÀNH GIA
THỦ THƯ
NHÀ HÓA HỌC
NHA SĨ
THÁM TỬ
NHÀ XUẤT BẢN
TRIẾT GIA
NHIẾP ẢNH GIA
NHÀ BÁO

HOẠ
KỸ SƯ
GIÁO VIÊN
NHÀ NGÔN NGỮ
BÁC SĨ
PHI CÔNG
HỌA SĨ
CHÍNH TRỊ GIA
GIÁO SƯ

57 - Letteratura

```
Y  Q  A  A  T  Ư  Ơ  N  G  T  Ự  P  D  P
P  B  K  U  C  P  N  R  G  H  R  G  Y  H
N  H  Ị  P  O  P  H  Y  Y  I  Ý  I  T  Ầ
Ẩ  N  D  Ụ  V  N  Ộ  N  N  Y  K  A  O  N
C  H  T  L  C  G  I  P  C  M  I  I  G  K
H  B  T  I  Ể  U  T  H  U  Y  Ế  T  P  Ế
Ủ  B  O  D  U  D  H  Â  B  P  N  H  H  T
Đ  O  N  A  O  M  O  N  À  U  V  O  O  L
Ề  Y  Y  U  Q  U  Ạ  T  I  V  L  Ạ  N  U
S  O  S  Á  N  H  I  Í  T  G  Ầ  I  G  Ậ
T  H  Ể  L  O  Ạ  I  C  H  L  V  N  C  N
T  Á  C  G  I  Ả  T  H  Ơ  B  D  I  Á  U
B  I  K  Ị  C  H  T  I  Ể  U  S  Ử  C  N
S  Ự  M  I  Ê  U  T  Ả  G  Y  T  Q  H  B
```

PHÂN TÍCH
TƯƠNG TỰ
GIAI THOẠI
TÁC GIẢ
TIỂU SỬ
PHẦN KẾT LUẬN
SO SÁNH
SỰ MIÊU TẢ
HỘI THOẠI
THỂ LOẠI

ẨN DỤ
Ý KIẾN
BÀI THƠ
THƠ
VẦN
NHỊP
TIỂU THUYẾT
PHONG CÁCH
CHỦ ĐỀ
BI KỊCH

58 - Cibo #2

```
N  T  K  D  D  N  M  A  V  N  M  G  L  B
B  S  Ữ  A  C  H  U  A  P  T  P  I  Ú  O
V  Ô  Q  U  Ả  A  N  H  Đ  À  O  Ă  A  P
Y  C  N  A  Y  C  Á  B  B  M  C  M  M  P
P  Ô  Ấ  G  A  K  R  T  Á  O  À  B  Ì  P
D  L  M  I  C  T  R  Ứ  N  G  C  Ô  M  H
A  A  M  R  H  Ả  G  O  H  A  H  N  Q  Ô
O  O  Q  T  U  P  I  À  M  T  U  G  P  M
P  T  Y  K  Ố  N  G  X  Ì  C  A  N  I  A
Q  U  Ả  K  I  W  I  Ạ  A  Ầ  L  N  V  I
C  À  T  Í  M  V  O  K  O  N  A  H  L  Y
Y  L  Q  O  T  A  K  M  I  T  H  O  O  H
O  U  A  Q  L  H  V  I  Q  Â  B  Y  H  N
U  H  B  N  D  M  V  H  C  Y  N  T  C  N
```

CHUỐI	BÁNH MÌ
BÔNG CẢI XANH	CÁ
QUẢ ANH ĐÀO	GÀ
SÔ CÔ LA	CÀ CHUA
PHÔ MAI	GIĂM BÔNG
NẤM	GẠO
LÚA MÌ	CẦN TÂY
QUẢ KIWI	TRỨNG
TÁO	NHO
CÀ TÍM	SỮA CHUA

59 - Nutrizione

```
C   Â   N   B   Ằ   N   G   Đ   L   K   V   C   U   Ă
T   B   N   T   Q   K   K   Ắ   Ê   T   I   H   R   N
H   D   G   U   G   H   D   N   N   I   T   Ấ   P   K
C   M   O   U   C   Ỏ   I   G   M   Ê   A   T   N   I
H   N   N   A   Q   E   D   Y   E   U   M   L   M   Ê
V   Ư   Q   I   T   M   C   G   N   H   I   Ư   B   N
T   Ớ   Ơ   Ă   B   Ạ   V   H   I   Ó   N   Ợ   C   G
D   C   I   N   D   N   V   B   Ấ   A   B   N   Â   I
U   X   M   Đ   G   H   I   Đ   D   T   V   G   N   K
U   Ố   K   Ư   O   V   C   Ộ   M   I   L   Ị   N   V
O   T   I   Ợ   N   K   Ị   C   D   N   R   Ỏ   Ặ   K
H   O   C   C   P   R   O   T   E   I   N   M   N   L
S   Ứ   C   K   H   Ỏ   E   Ố   C   A   L   O   G   G
C   A   R   B   O   H   Y   D   R   A   T   E   A   L
```

ĐẮNG	CHẤT LỎNG
NGON	CÂN NẶNG
CÂN BẰNG	PROTEIN
CALO	CHẤT LƯỢNG
CARBOHYDRATE	NƯỚC XỐT
ĂN ĐƯỢC	SỨC KHỎE
ĂN KIÊNG	KHỎE MẠNH
TIÊU HÓA	GIA VỊ
LÊN MEN	ĐỘC TỐ
HƯƠNG VỊ	VITAMIN

60 - Matematica

```
Y K T V B D S Ố H Ọ C D B Â
H M P C M Á N O P H N A D M
R D O M T Ổ N G N A L L K L
Đ Y G I M Ũ T K Y G Ó C Y Ự
Ố Ư D H A Y B K Í I S Y C Ợ
I C Ờ Ì Đ I A V A N I O H N
X C C N A B N I A G H H N G
Ứ H S H G T A M G I Á C U G
N U Ố H I K T H Ậ P P H Â N
G V V Ọ Á B Í K Y G P K V G
Q I M C C U M N Q C L M A T
K V K N A G K P H Â N S Ố V
H Ì N H C H Ữ N H Ậ T K C L
Q U Ả N G T R Ư Ờ N G O B D
```

GÓC
SỐ HỌC
THẬP PHÂN
ĐƯỜNG KÍNH
MŨ
PHÂN SỐ
HÌNH HỌC
SỐ
SONG SONG

CHU VI
ĐA GIÁC
QUẢNG TRƯỜNG
BÁN KÍNH
HÌNH CHỮ NHẬT
ĐỐI XỨNG
TỔNG
TAM GIÁC
ÂM LƯỢNG

61 - Bagno

```
N  Q  V  U  D  R  O  V  G  V  M  P  D  A
B  C  Q  V  Ầ  I  G  Ò  D  L  G  L  Y  B
U  Ọ  U  C  U  Y  I  I  Y  U  R  K  M  H
T  D  T  O  G  O  R  H  P  T  R  H  U  I
T  G  N  B  Ộ  C  H  O  C  R  Q  Ă  N  N
L  H  G  K  I  Y  B  A  G  C  H  N  H  Q
O  N  Ả  A  B  Ể  O  S  A  X  K  Ư  À  R
A  N  G  M  K  B  N  E  R  À  P  Ớ  V  Y
K  P  O  K  L  Ồ  G  N  I  P  R  C  Ễ  G
G  L  K  É  O  N  B  Ư  H  H  Y  H  S  M
V  Ò  I  B  T  Ó  Ớ  Ơ  Ò  T  O  I  K
N  K  A  H  I  Ắ  N  C  R  N  D  A  N  Q
U  P  L  D  O  M  G  D  K  G  G  P  H  O
Y  H  Ơ  I  N  Ư  Ớ  C  U  C  B  D  V  P
```

NƯỚC   NƯỚC HOA
KHĂN   VÒI
BỒN TẮM   XÀ PHÒNG
BONG BÓNG   DẦU GỘI
VÒI HOA SEN   GƯƠNG
KÉO   BỌT BIỂN
NHÀ VỆ SINH   THẢM
LOTION   HƠI NƯỚC

62 - Meditazione

```
H  H  M  M  Â  Q  T  D  R  Y  C  T  Y  T
O  M  C  Ả  M  X  Ú  C  Õ  V  H  H  P  Â
T  T  L  Ặ  N  G  T  M  R  D  Ấ  I  P  M
I  T  Ư  T  H  Ế  V  U  À  H  P  Ê  T  T
A  R  O  O  Ạ  Ò  H  O  N  D  N  N  H  H
K  A  P  Q  C  H  A  L  G  Q  H  N  Ở  Ằ
Q  U  A  N  S  Á  T  B  Q  U  Ậ  H  S  N
Y  H  N  C  H  Ú  Ý  N  Ì  A  N  I  U  I
T  H  Ư  Ơ  N  G  H  Ạ  I  N  B  Ê  Y  M
L  Ò  N  G  T  Ố  T  H  H  Đ  H  N  N  L
P  H  O  N  G  T  R  À  O  I  M  A  G  Ặ
L  Í  T  R  Í  K  K  I  R  Ể  P  A  H  N
H  D  N  I  H  K  Y  P  O  M  B  P  Ĩ  G
N  L  Ò  N  G  B  I  Ế  T  Ơ  N  U  U  D
```

CHẤP NHẬN
CHÚ Ý
LẶNG
RÕ RÀNG
THƯƠNG HẠI
CẢM XÚC
LÒNG TỐT
LÒNG BIẾT ƠN
TÂM THẦN
LÍ TRÍ

PHONG TRÀO
ÂM NHẠC
THIÊN NHIÊN
QUAN SÁT
HÒA BÌNH
SUY NGHĨ
TƯ THẾ
QUAN ĐIỂM
THỞ
IM LẶNG

63 - Estate

```
C  H  B  Ạ  N  B  È  V  Q  T  T  N  T  D
U  Y  Ã  L  N  G  K  D  I  G  H  H  C  U
N  D  I  Y  I  D  P  H  G  A  Ư  À  Ắ  L
K  V  B  K  Ề  G  É  P  B  T  G  B  M  Ị
L  R  I  T  M  O  R  P  M  D  I  I  T  C
L  Ặ  Ể  R  V  Ư  Ờ  N  V  K  Ã  Ể  R  H
R  T  N  Ò  U  R  A  O  B  Ỳ  N  N  Ạ  S
P  L  U  C  I  N  B  R  P  N  K  O  I  Á
U  A  T  H  Ứ  C  Ă  N  P  G  S  A  O  C
V  G  D  Ơ  I  O  B  G  I  H  R  K  U  H
A  T  G  I  A  Đ  Ì  N  H  Ỉ  Q  A  V  D
V  U  H  Q  K  G  I  Ả  I  T  R  Í  Q  A
Â  M  N  H  Ạ  C  O  C  U  I  A  L  M  K
U  I  T  R  A  Q  H  L  U  V  C  M  O  B
```

BẠN BÈ
CẮM TRẠI
NHÀ
THỨC ĂN
GIA ĐÌNH
VƯỜN
TRÒ CHƠI
NIỀM VUI
LẶN
SÁCH

BIỂN
ÂM NHẠC
THƯ GIÃN
DÉP
BÃI BIỂN
SAO
GIẢI TRÍ
KỲ NGHỈ
DU LỊCH

64 - Escursionismo

```
A  M  C  D  B  N  N  U  M  Ệ  T  D  M  R
C  H  U  Ẩ  N  B  Ị  Q  Ố  Đ  Đ  Á  T  V
O  O  C  Ỗ  P  H  H  B  I  Ộ  T  P  K  Á
U  M  P  K  I  N  N  Ẩ  N  N  Ư  Ớ  C  C
G  R  N  L  M  N  Ú  N  G  G  Ặ  K  Ô  H
M  Ặ  T  T  R  Ờ  I  Đ  U  V  H  N  N  Đ
K  H  Í  H  Ậ  U  G  Ồ  Y  Ậ  U  G  G  Á
H  O  A  N  G  D  Ã  I  H  T  Q  I  V  C
Y  T  H  I  Ê  N  N  H  I  Ê  N  À  I  Ắ
M  I  Q  Q  Y  Q  V  B  Ể  C  V  Y  Ê  M
G  M  P  A  B  T  C  Y  M  P  G  Ố  N  T
H  Ư  Ớ  N  G  D  Ẫ  N  H  Q  T  N  V  R
S  Ự  Đ  Ị  N  H  H  Ư  Ớ  N  G  G  L  Ạ
O  D  V  H  A  B  R  O  T  A  R  K  V  I
```

NƯỚC	MỐI NGUY HIỂM
ĐỘNG VẬT	NẶNG
CẮM TRẠI	ĐÁ
KHÍ HẬU	CHUẨN BỊ
HƯỚNG DẪN	VÁCH ĐÁ
BẢN ĐỒ	HOANG DÃ
NÚI	MẶT TRỜI
THIÊN NHIÊN	MỆT
SỰ ĐỊNH HƯỚNG	GIÀY ỐNG
CÔNG VIÊN	MUỖI

65 - Professioni #1

```
B  O  L  A  T  C  R  T  L  K  G  D  A  N
Á  P  Ự  N  H  À  K  H  O  A  H  Ọ  C  B
C  L  C  G  Y  O  V  Ủ  T  HỢ  M  A  Y
S  U  S  H  L  T  I  Y  DƯ  Ợ  C  S  Ĩ
Ĩ  M  Ĩ  Ễ  A  G  Á  T  T  HỢ  S  Ă  N
N  B  A  S  V  H  Q  H  Đ  Ạ  I  S  Ứ  L
H  E  K  Ĩ  V  B  V  Ủ  A  H  P  T  N  U
Ạ  R  O  P  Ũ  J  E  W  E  L  E  R  G  Ậ
C  I  N  I  C  T  D  N  K  V  Q  V  Â  T
S  M  A  A  Ô  H  L  N  R  Y  C  K  N  S
Ĩ  C  V  N  N  G  H  Ệ  S  Ĩ  A  R  H  Ư
P  L  A  O  G  T  C  I  B  V  L  L  À  O
N  H  À  Đ  Ị  A  C  H  Ấ  T  B  R  N  H
U  B  I  Ê  N  T  Ậ  P  V  I  Ê  N  G  C
```

ĐẠI SỨ
NGHỆ SĨ
LỰC SĨ
LUẬT SƯ
VŨ CÔNG
NGÂN HÀNG
THỢ SĂN
BIÊN TẬP VIÊN
DƯỢC SĨ
NHÀ ĐỊA CHẤT

JEWELER
PLUMBER
Y TÁ
THỦY THỦ
BÁC SĨ
NHẠC SĨ
NGHỆ SĨ PIANO
THỢ MAY
NHÀ KHOA HỌC

66 - Antartide

```
C  Á  V  O  I  T  P  N  V  A  D  R  N  T
N  T  Ị  N  K  U  Q  L  O  À  I  O  C  D
M  Ô  N  Đ  Ị  A  L  Ý  L  Ụ  C  Đ  Ị  A
M  S  H  R  Á  N  Ư  Ớ  C  I  Ư  N  T  A
G  Ô  O  Y  O  M  R  L  A  D  H  H  K  K
L  N  I  N  V  C  M  U  U  K  M  I  R  H
A  G  K  T  K  Y  K  Â  C  I  L  Ễ  B  O
C  B  C  U  R  L  G  Y  Y  Đ  K  T  Á  Á
O  Ă  I  G  D  Ư  T  M  O  Ả  H  Đ  N  N
Y  N  B  Ă  N  G  Ờ  D  Y  O  O  Ộ  Đ  G
Q  G  Đ  Ị  A  H  Ì  N  H  L  A  N  Ả  S
T  H  Ă  M  D  Ò  L  K  G  Q  H  U  O  Ả
B  Ả  O  T  Ồ  N  Y  Q  I  D  Ọ  P  Q  N
Y  V  Y  Q  V  C  T  R  C  T  C  D  I  G
```

NƯỚC	ĐẢO
MÔI TRƯỜNG	DI CƯ
VỊNH	KHOÁNG SẢN
CÁ VOI	ĐÁM MÂY
BẢO TỒN	BÁN ĐẢO
LỤC ĐỊA	ROCKY
THĂM DÒ	KHOA HỌC
MÔN ĐỊA LÝ	LOÀI
SÔNG BĂNG	NHIỆT ĐỘ
BĂNG	ĐỊA HÌNH

67 - Libri

```
T  A  B  T  R  A  N  G  O  U  D  N  S  O
A  L  Ộ  T  Ừ  A  G  Y  U  I  C  H  Á  G
C  T  S  H  H  H  Ư  N  G  Â  M  Â  N  K
Ó  Â  Ư  Ơ  G  U  Ờ  V  I  Ế  T  N  G  É
L  Y  U  B  L  U  I  T  Ă  Y  I  V  T  O
I  I  T  C  K  I  Đ  B  Á  N  R  Ậ  Ạ  D
Ê  M  Ậ  C  H  U  Ọ  C  V  C  H  T  O  À
N  B  P  V  Y  U  C  D  B  B  G  Ọ  Q  I
Q  Y  L  R  K  Q  Y  L  G  L  L  I  C  D
U  B  I  K  Ị  C  H  Ẽ  A  C  O  O  Ả  V
A  H  À  I  H  Ư  Ớ  C  N  K  Ạ  C  T  O
N  T  I  Ể  U  T  H  U  Y  Ế  T  C  U  R
Y  L  Ị  C  H  S  Ử  I  U  G  Y  Q  L  I
R  O  I  B  Ố  I  C  Ả  N  H  P  G  D  B
```

TÁC GIẢ	TỪ
NHÂN VẬT	THƠ
BỘ SƯU TẬP	CÓ LIÊN QUAN
BỐI CẢNH	TIỂU THUYẾT
KÉO DÀI	VIẾT
NGÂM	LOẠT
SÁNG TẠO	CÂU CHUYỆN
VĂN HỌC	LỊCH SỬ
NGƯỜI ĐỌC	BI KỊCH
TRANG	HÀI HƯỚC

68 - Geografia

```
P  O  I  K  A  I  P  D  B  L  V  C  T  L
H  Y  H  G  Q  L  O  C  Ả  Ắ  Y  P  H  Ã
Í  A  I  H  H  Ụ  S  Ô  N  G  C  G  Ế  N
A  T  L  A  S  C  V  L  Đ  Ả  O  G  G  H
N  M  K  K  B  Đ  Ĩ  T  Ồ  I  O  I  I  T
A  V  L  I  Á  Ị  Đ  Đ  Ộ  C  A  O  Ớ  H
M  A  C  N  N  A  Ộ  L  T  P  V  D  I  Ổ
N  C  K  H  C  H  Ư  Ớ  N  G  T  Â  Y  D
D  Ú  U  Đ  Ầ  G  T  H  À  N  H  P  H  Ố
P  I  I  Ộ  U  T  Q  U  Ố  C  G  I  A  Q
K  H  U  V  Ự  C  Q  H  Y  B  I  Ể  N  L
H  V  A  O  G  P  V  O  D  Ế  C  U  T  L
C  G  Y  C  Y  R  C  T  U  Y  N  C  G  B
I  M  Y  Q  K  T  I  Q  V  G  K  U  Y  H
```

ĐỘ CAO
ATLAS
THÀNH PHỐ
LỤC ĐỊA
BÁN CẦU
SÔNG
ĐẢO
VĨ ĐỘ
KINH ĐỘ
BẢN ĐỒ

BIỂN
KINH TUYẾN
THẾ GIỚI
NÚI
BẮC
HƯỚNG TÂY
QUỐC GIA
KHU VỰC
PHÍA NAM
LÃNH THỔ

69 - Cibo #1

```
S  B  Ạ  C  H  À  R  K  C  H  A  N  H  C
A  V  A  Ủ  Q  U  Ế  N  H  P  M  T  À  À
L  N  Q  C  L  Ú  A  M  Ạ  C  H  M  N  R
A  P  N  Ả  R  A  U  B  I  N  A  U  H  Ố
D  L  Ư  I  H  C  H  Á  D  C  P  Ố  K  T
V  Ê  Ớ  T  K  Ú  D  N  S  Â  L  I  A  H
T  A  C  R  Ỏ  Y  N  H  Ữ  K  U  R  I  Ị
I  C  É  V  N  I  U  G  A  V  T  T  V  T
O  I  P  L  M  H  I  L  Q  U  O  Y  Â  R
L  O  M  Đ  D  Q  O  N  U  U  R  D  R  Y
G  U  I  Ư  P  L  P  R  L  B  Ế  I  N  G
R  N  P  Ờ  I  L  R  I  C  M  H  O  B  R
O  U  L  N  T  R  O  B  P  L  N  T  P  T
C  Á  N  G  Ừ  D  A  N  I  N  Q  I  A  Y
```

TỎI
HÚNG QUẾ
QUẾ
THỊT
CÀ RỐT
HÀNH
DÂU TÂY
SALAD
SỮA
CHANH

BẠC HÀ
LÚA MẠCH
LÊ
CỦ CẢI
MUỐI
RAU BINA
NƯỚC ÉP
CÁ NGỪ
BÁNH
ĐƯỜNG

70 - Aeroplani

```
H  I  P  P  H  G  T  A  Q  D  K  R  X  H
Y  Ạ  U  N  H  I  Ê  N  L  I  Ễ  U  Â  À
D  Y  X  C  H  I  Ề  U  C  A  O  P  Y  N
R  K  O  U  L  Ị  C  H  S  Ử  A  H  D  H
O  T  Q  M  Ố  L  C  Ô  M  P  U  Ó  Ự  K
H  Ư  Ớ  N  G  N  U  V  N  H  U  N  N  H
B  Y  V  K  N  G  G  G  R  G  Y  G  G  Á
P  H  I  H  À  N  H  Đ  O  À  N  K  P  C
Đ  Ổ  B  Ộ  Đ  Ộ  N  G  C  Ơ  B  P  R  H
K  H  Ô  N  G  K  H  Í  U  L  M  Ó  M  N
C  Á  N  H  Q  U  Ạ  T  R  Q  G  A  N  B
B  Ầ  U  T  R  Ờ  I  P  O  L  R  R  U  G
Đ  Ộ  C  A  O  T  H  I  Ế  T  K  Ế  C  I
V  T  G  G  N  H  I  Ễ  U  L  O  Ạ  N  P
```

CHIỀU CAO	CÁNH QUẠT
ĐỘ CAO	PHI HÀNH ĐOÀN
KHÔNG KHÍ	HYDRO
ĐỔ BỘ	PHÓNG
NHIÊN LIỆU	ĐỘNG CƠ
BẦU TRỜI	BÓNG
XÂY DỰNG	HÀNH KHÁCH
THIẾT KẾ	PHI CÔNG
HƯỚNG	LỊCH SỬ
HẠ XUỐNG	NHIỄU LOẠN

71 - Pirati

```
H  T  L  C  A  G  Y  R  B  K  A  V  Y  P
A  P  K  T  Ờ  C  O  N  V  Ẹ  T  À  M  T
N  E  O  H  U  N  O  H  U  L  C  N  A  H
G  L  O  A  C  U  D  V  C  A  C  G  M  U
P  I  O  N  L  G  R  H  L  C  H  Q  C  Y
Đ  Ả  O  H  G  L  A  B  À  N  R  U  M  Ề
S  P  G  K  L  D  P  Ả  Ã  U  V  U  Y  N
Ẹ  Đ  Ạ  I  D  Ư  Ơ  N  G  I  N  M  Q  T
O  Đ  D  Ế  Q  R  L  Đ  T  N  B  Q  V  R
K  H  Ồ  M  O  C  Y  Ồ  Q  B  H  I  Y  Ư
M  C  A  N  G  U  Y  H  I  Ể  M  M  Ể  Ở
A  R  C  O  G  K  H  O  B  Á  U  A  I  N
C  L  A  Q  C  X  Ấ  U  D  L  I  R  L  G
Q  N  P  Q  L  B  U  P  N  R  P  Y  P  V
```

NEO	ĐỒNG XU
CỜ	ĐẠI DƯƠNG
LA BÀN	VÀNG
THUYỀN TRƯỞNG	CON VẸT
XẤU	NGUY HIỂM
SẸO	RUM
HANG	THANH KIẾM
ĐẢO	BÃI BIỂN
BẢN ĐỒ	KHO BÁU

72 - Colori

```
X A N H Đ M R A D D O C H T
N Â U Đ Ỏ R K N M P Q N D P
M C H À M K T M À U X A N H
N I N U V H O K U A O L D L
M À U T Í M Ồ G B I Z F G K
I A A Q G Đ E N E R M U L R
A Q V R T R Ắ N G K V C R D
M À U N Â U K N T M I H Y E
M A G E N T A G C À T S B V
G R R B G D V K D U Y I O M
X C B P D A D L I V O A U O
Á H T O C A V N K À L C A M
M C V N Q C B U N N Q Y B L
B T Y R V N R U K G G K L C
```

CAM
AZURE
MÀU BE
TRẮNG
MÀU XANH
FUCHSIA
MÀU VÀNG
XÁM
CHÀM

MAGENTA
MÀU NÂU
ĐEN
HỒNG
ĐỎ
NÂU ĐỎ
XANH
MÀU TÍM

73 - Spiaggia

```
B  Đ  Ẩ  M  K  M  T  P  A  A  G  A  A  Q
Ờ  Ạ  A  Y  N  À  Ặ  H  O  C  B  C  R  C
B  I  C  N  B  U  U  T  U  H  T  B  Y  Y
I  D  O  M  C  X  C  R  T  Y  P  B  B  T
Ể  Ư  V  B  A  A  Á  Ả  V  R  Ề  G  D  H
N  Ở  K  H  Ă  N  T  L  Q  Ờ  N  O  U
M  N  G  C  Y  H  D  Ạ  T  K  D  I  C  Y
B  G  L  H  Đ  Ả  O  I  A  Ỳ  É  P  K  Ề
B  L  K  D  K  K  D  T  P  N  P  M  B  N
B  K  L  Y  G  I  K  U  Y  G  L  N  I  B
C  B  A  K  G  T  M  U  G  H  C  O  Ể  U
Ô  K  R  T  H  G  A  G  C  Ỉ  P  O  N  Ồ
O  G  L  D  V  Q  U  B  C  U  A  G  O  M
T  N  B  R  Q  L  C  G  M  R  U  L  H  V
```

KHĂN	ĐẦM
THUYỀN	BIỂN
THUYỀN BUỒM	ĐẠI DƯƠNG
MÀU XANH	CÁT
BỜ BIỂN	DÉP
DOCK	TRẢ LẠI
CUA	MẶT TRỜI
ĐẢO	KỲ NGHỈ

74 - Avventura

```
G  B  M  I  M  V  P  A  H  L  G  D  U  B
H  O  Ạ  T  Đ  Ộ  N  G  B  Ạ  N  B  È  U
R  D  Đ  U  G  D  H  I  H  H  N  N  C  A
O  V  I  M  G  Q  Ã  A  Ề  N  C  Q  Ơ  V
Y  Ẻ  Ể  L  C  D  U  N  C  M  M  D  H  R
G  Đ  M  H  U  I  V  T  Đ  H  V  G  Ộ  C
B  Ẹ  Đ  U  M  A  I  O  G  Ư  K  U  I  K
H  P  Ế  T  L  G  G  À  L  A  Ờ  P  I  H
R  Ă  N  C  T  L  H  N  C  L  G  N  C  Ó
P  G  N  G  U  Y  H  I  Ể  M  Ớ  I  G  K
V  D  T  G  L  M  K  M  H  B  I  D  V  H
Đ  I  A  I  H  À  N  H  T  R  Ì  N  H  Ă
I  D  L  P  H  Á  C  H  U  Ẩ  N  B  Ị  N
T  T  U  M  T  H  I  Ê  N  N  H  I  Ê  N
```

BẠN BÈ
HOẠT ĐỘNG
VẺ ĐẸP
CƠ HỘI
ĐIỂM ĐẾN
KHÓ KHĂN
HĂNG HÁI
NIỀM VUI

HÀNH TRÌNH
THIÊN NHIÊN
DẪN ĐƯỜNG
MỚI
NGUY HIỂM
CHUẨN BỊ
AN TOÀN
ĐI

75 - Forme

```
M  N  A  M  V  Q  B  D  Q  N  I  G  K  V
O  P  M  P  I  Ò  Ê  I  U  H  G  B  P  Ò
K  A  Q  D  L  Ă  N  G  Ả  Ì  T  O  M  N
M  V  L  K  K  Y  G  N  N  N  D  U  G
Đ  A  G  I  Á  C  U  N  G  H  K  Q  M  T
Ư  H  E  U  K  Ạ  Q  R  T  C  H  V  N  R
Ở  Y  L  N  I  N  V  Q  R  H  À  N  G  Ò
N  P  L  N  M  H  L  N  Ư  Ữ  U  R  Ó  N
G  E  I  Y  T  A  C  M  Ờ  N  I  B  C  N
C  R  P  C  Ự  V  Ầ  R  N  H  U  D  B  H
O  B  S  U  T  Y  U  T  G  Ậ  T  P  Y  G
N  O  E  R  H  H  Ì  N  H  T  R  Ụ  M  U
G  L  R  Q  Á  T  A  M  G  I  Á  C  N  Y
P  A  D  M  P  R  Q  M  Q  T  H  R  I  T
```

GÓC
CUNG
CẠNH
VÒNG TRÒN
HÌNH TRỤ
NÓN
ĐƯỜNG CONG
ELLIPSE
HYPERBOLA
BÊN

HÀNG
KIM TỰ THÁP
ĐA GIÁC
LĂNG
QUẢNG TRƯỜNG
HÌNH CHỮ NHẬT
VÒNG
CẦU
TAM GIÁC

76 - Oceano

```
C V B Ọ T B I Ể N M B C N A
Á Á V G Ô H O C T L Ã Á I O
H G M N M N Ủ Á L H O V D S
E G K Ậ M H K Y V C T O H Ó
O T A D P L G D T D Á I R N
B M U Ố I L Ư Ơ N R P D Ù G
C Á N G Ừ B P O L G I B A A
B T Y B Ạ C H T U Ộ C Ề L H
U I T C U T K R A G O M U À
T B P H D I R Ẩ M K I B M U
U R K A U Q O L H D K C R B
V K C U A Y B Ạ S Ứ A U G U
D Y K V I U Ề I T N P D M I
N L G M H S A N H Ô H D B T
```

LƯƠN
CÁ VOI
THUYỀN
SAN HÔ
CÁ HEO
TÔM
CUA
THỦY TRIỀU
SỨA
SÓNG

HÀU
CÁ
BẠCH TUỘC
MUỐI
TRẢ LẠI
BỌT BIỂN
CÁ MẬP
RÙA
BÃO TÁP
CÁ NGỪ

77 - Famiglia

```
G K O M P C L L C O N G Á I
H G R Ẹ V I A I H Y L L D L
V L H A P D O A Ồ N N C G L
L Q R U Q H H Ô N G Q O N G
C H M C T L N E G H V N T B
E M H Ọ P V G M L N T V O N
I K D Q B Y K G B I H R Ợ P
D Ì T C H Á U Á À Y Ờ L A L
C A Ổ H H V I I R B I A U I
O I T Ú Y A K H L O T U Q O
N D I T R Ẻ E M M M H A Y A
V B Ê K C C R A B D Ơ C Q K
M T N I G K P L L G Ấ Y K O
Y N Q R L U U A B H U Q B Y
```

TỔ TIÊN	VỢ
TRẺ EM	CHÁU
CON	BÀ
EM HỌ	ÔNG
CON GÁI	CHA
ANH TRAI	EM GÁI
THỜI THƠ ẤU	DÌ
MẸ	CHÚ
CHỒNG	

78 - Veicoli

```
Q O O C I Đ L H K Y R G X M
X H U V D H Ộ Ố Y B O X E Á
E R V T V O M N P P D E T Y
C A R A V A N A G N A Đ A B
Ứ T R N A D G R V C L Ạ Y A
U T P Y N X E H Ơ I Ơ P G Y
T À R R U E E X E L Ử A A C
H U L U B B È T Ê N L Ử A P
Ư N Y B K U P H Ắ U B R N H
Ơ G G M Q Ý D U R C B G M À
N Ầ O G P T P Y D R X R I C
G M Á Y K É O Ề P T Q I N U
M R A T A O L N X E T Ả I Y
X E Đ I Ệ N N G Ầ M V L D U
```

MÁY BAY   ĐỘNG CƠ
XE CỨU THƯƠNG   LỐP
XE HƠI   TÊN LỬA
XE BUÝT   XE TAY GA
THUYỀN   TÀU NGẦM
XE ĐẠP   XE TẮC XI
XE TẢI   PHÀ
CARAVAN   MÁY KÉO
VAN   XE LỬA
XE ĐIỆN NGẦM   BÈ

79 - Emozioni

```
Y  I  T  C  N  D  B  M  H  T  S  D  B  C
Ê  Ê  R  A  K  Ị  L  C  M  D  Ự  O  Ị  H
U  A  N  H  C  U  I  M  U  H  P  R  K  Á
O  H  M  B  P  D  S  D  G  N  H  D  Í  N
V  T  T  I  Ì  À  S  G  P  L  Ẫ  C  C  N
O  Q  R  P  C  N  Ộ  I  D  U  N  G  H  Ả
A  K  I  M  Ả  G  H  T  U  D  N  P  T  N
B  H  Â  Y  M  U  U  À  H  G  Ộ  N  H  Ỗ
L  Ò  N  G  T  Ố  T  G  I  Ư  A  O  Í  I
O  A  H  C  H  P  I  G  P  L  G  U  C  S
V  B  G  R  Ô  X  Ấ  U  H  Ổ  Ò  I  H  Ợ
P  Ì  O  Y  N  L  Ặ  N  G  R  K  N  Ã  Y
M  N  K  D  G  N  I  Ề  M  V  U  I  G  N
U  H  N  Ỗ  I  B  U  Ồ  N  O  U  G  I  T
```

YÊU	HÒA BÌNH
BLISS	NỖI SỢ
LẶNG	SỰ PHẪN NỘ
NỘI DUNG	THƯ GIÃN
BỊ KÍCH THÍCH	CẢM THÔNG
LÒNG TỐT	HÀI LÒNG
NIỀM VUI	DỊU DÀNG
TRI ÂN	YÊN BÌNH
XẤU HỔ	NỖI BUỒN
CHÁN NẢN	

80 - Natura

```
L  B  K  N  Ă  N  G  Đ  Ộ  N  G  D  L  G
N  K  H  R  Q  U  A  N  T  R  Ọ  N  G  D
V  C  Q  Ừ  R  P  R  Đ  Á  M  M  Â  Y  I
S  Ư  Ơ  N  G  M  Ù  Ộ  Y  Q  L  C  B  U
S  E  U  G  N  B  O  N  G  Q  Y  X  I  H
M  Ô  R  V  Ú  Q  M  G  N  L  P  Ó  D  B
U  Q  N  E  I  V  M  V  K  G  I  I  G  Ắ
V  V  C  G  N  B  K  Ậ  A  S  A  M  Ạ  C
M  Ẻ  U  L  B  E  A  T  K  Ô  Y  Ò  N  C
Q  O  Đ  L  M  Ă  T  H  Á  N  H  N  D  Ự
I  L  N  Ệ  L  Y  N  A  B  G  L  Q  L  C
P  Q  R  M  P  D  K  G  O  M  Á  O  B  N
Q  G  H  O  A  N  G  D  Ã  H  O  C  U  B
D  N  H  I  Ệ  T  Đ  Ớ  I  L  A  I  C  G
```

ĐỘNG VẬT   SÔNG BĂNG
ONG   NÚI
BẮC CỰC   SƯƠNG MÙ
VẺ ĐẸP   ĐÁM MÂY
SA MẠC   THÁNH
NĂNG ĐỘNG   HOANG DÃ
XÓI MÒN   SERENE
SÔNG   NHIỆT ĐỚI
LÁ   QUAN TRỌNG
RỪNG

81 - Balletto

```
K M T L I P D T A C T T D G
A P G D G I L À I G Ử V D O
K N H Ị P T Ậ P N B K C Q C
I U B V A C M I V N P T H M
C H O R E O G R A P H Y V Ỉ
C Â R K H Á N G I Ả O Ạ R K
Ư C M Ỹ V Ũ C Ô N G N I C Ỹ
Ở Ơ R N N O T B P A G D U T
N B P Ă H V Y V H T C D R H
G Ắ T N K Ạ B V H V Á Q U U
Đ P P G M L C C C P C P G Ậ
Ộ M B C L N G H Ệ T H U Ậ T
B A L L E R I N A M C I V A
T D N N H À S O Ạ N N H Ạ C
```

KỸ NĂNG   CƠ BẮP
NGHỆ THUẬT   ÂM NHẠC
BALLERINA   DÀN NHẠC
VŨ CÔNG   TẬP
NHÀ SOẠN NHẠC   KHÁN GIẢ
CHOREOGRAPHY   NHỊP
CỬ CHỈ   PHONG CÁCH
CƯỜNG ĐỘ   KỸ THUẬT

82 - Castelli

```
P  K  B  B  M  T  T  H  O  V  V  T  D  C
C  H  T  D  Q  Ư  O  O  M  Ư  Ư  O  V  Ô
L  I  O  N  Ờ  C  À  C  Ơ  Ơ  K  G  N
I  Ệ  K  N  P  N  M  N  V  N  N  M  G  G
O  P  O  O  G  G  C  G  N  G  G  L  R  C
I  S  M  B  G  K  Á  T  G  M  Q  T  P  H
C  Ĩ  Q  L  Y  U  I  Ử  Ự  I  U  R  H  Ú
M  A  G  E  T  G  K  Ế  A  Ễ  Ố  I  Á  A
D  C  T  H  Á  P  H  V  N  N  C  Ề  O  A
P  P  H  A  A  K  I  C  R  Y  Q  U  Đ  I
C  P  G  D  P  U  Ê  R  Ồ  O  O  Đ  À  B
Đ  Ế  C  H  Ế  U  N  C  N  B  P  Ạ  I  D
Á  O  G  I  Á  P  L  R  G  B  G  I  Q  Y
H  R  Q  L  N  C  U  T  K  Ỳ  L  Â  N  D
```

ÁO GIÁP
CATAPULT
HIỆP SĨ
NGỰA
VƯƠNG MIỆN
TRIỀU ĐẠI
RỒNG
PHONG KIẾN
PHÁO ĐÀI

ĐẾ CHẾ
NOBLE
TƯỜNG
HOÀNG TỬ
CÔNG CHÚA
VƯƠNG QUỐC
CÁI KHIÊN
THÁP
KỲ LÂN

83 - Foresta Pluviale

```
R  S  Ự  S  Ố  N  G  C  Ò  N  R  H  G  T
B  Ừ  T  R  L  D  D  T  K  O  Ê  A  C  A
C  Ả  N  N  P  I  Y  L  H  S  U  B  P  S
C  Ộ  N  G  Đ  Ồ  N  G  Í  Ự  I  I  M  Ự
H  O  G  Đ  O  G  M  C  H  T  C  D  H  B
I  Đ  P  H  Ị  L  K  L  Ậ  Ô  Ô  V  R  Ả
M  A  Q  C  Y  A  H  I  U  N  N  H  Ậ  O
U  D  R  E  F  U  G  E  P  T  T  D  I  T
U  Ạ  D  D  P  R  B  O  M  R  R  U  Y  Ồ
O  N  P  M  R  I  I  L  C  Ọ  Ù  D  R  N
A  G  L  B  N  H  Q  O  R  N  N  A  P  H
Đ  Á  M  M  Â  Y  R  À  D  G  G  N  K  L
T  H  I  Ê  N  N  H  I  Ê  N  B  V  U  P
V  N  Q  U  Ý  P  H  Ụ  C  H  Ồ  I  Q  C
```

THỰC VẬT	ĐÁM MÂY
KHÍ HẬU	SỰ BẢO TỒN
CỘNG ĐỒNG	QUÝ
ĐA DẠNG	PHỤC HỒI
RỪNG	REFUGE
BẢN ĐỊA	SỰ TÔN TRỌNG
CÔN TRÙNG	SỰ SỐNG CÒN
RÊU	LOÀI
THIÊN NHIÊN	CHIM

84 - Edifici

```
S  L  Ề  U  Đ  À  I  Q  U  A  N  S  Á  T
G  Â  T  M  K  Q  K  R  T  A  G  Y  I  R
U  C  N  Ô  N  G  T  R  Ạ  I  T  Đ  A  Ư
M  R  H  V  M  K  H  Á  C  H  S  Ạ  N  Ờ
B  Ạ  À  Ự  Ậ  H  Ý  P  G  N  A  I  L  N
K  P  G  A  L  N  M  T  N  P  D  S  V  G
N  H  À  M  Á  Y  Đ  T  Ú  Y  K  Ứ  L  H
C  Á  Q  K  I  R  C  Ộ  Q  C  R  Q  A  Ọ
A  T  K  A  O  C  V  Ă  N  I  X  U  T  C
B  Ệ  N  H  V  I  Ễ  N  N  G  P  Á  H  C
I  T  D  N  S  I  Ê  U  T  H  Ị  N  Á  Q
N  Y  K  B  Ả  O  T  À  N  G  Ộ  A  P  K
L  Â  U  Đ  À  I  Đ  Ạ  I  H  Ọ  C  C  B
D  V  M  T  A  I  R  V  N  R  P  C  V  Y
```

ĐẠI SỨ QUÁN
CĂN HỘ
CABIN
NHÀ
LÂU ĐÀI
NHÀ MÁY
NÔNG TRẠI
VỰA
KHÁCH SẠN
BẢO TÀNG

BỆNH VIỆN
ĐÀI QUAN SÁT
KÝ TÚC XÁ
TRƯỜNG HỌC
SÂN VẬN ĐỘNG
SIÊU THỊ
RẠP HÁT
LỀU
THÁP
ĐẠI HỌC

85 - Paesi #2

```
L M Q M A L B A N I A A N M
Q M H A Y I S U D A N I G B
D I K Q M O Y K P G U T M M
H O Y R P E T R H A I T I Y
V U I K Y C X A N Y N Đ I M
L I B E R I A I R E L A N D
D J N G A H V N C B N N D L
H P A K I S T A N O E M O À
R P B M M Y B D K B P Ạ N O
H D B P A R H Y G O A C E I
O Y E T H I O P I A L H S C
K L L N C A C N I G E R I A
Q U L Ạ P U G A N D A H A L
Y D O B P V N H Ậ T B Ả N H
```

ALBANIA
ĐAN MẠCH
ETHIOPIA
JAMAICA
NHẬT BẢN
HY LẠP
HAITI
INDONESIA
IRELAND
LÀO

LIBERIA
MEXICO
NEPAL
NIGERIA
PAKISTAN
NGA
SYRIA
SUDAN
UKRAINA
UGANDA

86 - Tipi di Capelli

```
O  O  Đ  B  K  M  Ỏ  N  G  C  G  C  C  O
G  K  E  R  H  H  G  B  G  M  M  Y  B  L
G  R  N  A  Ỏ  Ó  Ô  T  R  H  Y  L  B  B
B  M  Q  I  E  I  V  K  T  K  I  T  B  T
G  M  N  D  M  À  U  X  Á  M  À  U  V  P
V  Ề  H  S  Ạ  D  Q  O  B  G  O  T  V  Q
I  M  À  U  N  Â  U  Ă  T  D  B  Ó  D  H
T  V  U  U  H  V  D  N  G  B  Ạ  C  Y  D
U  D  P  D  À  Y  C  G  N  U  I  V  O  A
C  D  H  N  À  B  Q  U  T  I  B  À  L  B
H  T  R  M  A  I  B  O  R  V  Ẽ  N  K  B
V  H  O  R  T  Q  R  Q  Ắ  L  N  G  M  A
I  R  H  H  Q  I  H  Q  N  Y  S  Y  U  T
N  G  Ắ  N  Y  O  N  D  G  M  Ị  N  R  G
```

BẠC	DÀI
KHÔ	MÀU NÂU
TRẮNG	MỀM
TÓC VÀNG	ĐEN
NGẮN	XOĂN
HÓI	CURLS
MÀU	KHỎE MẠNH
MÀU XÁM	MỎNG
BỆN	DÀY
MỊN	BRAIDS

87 - Vestiti

```
U  A  P  N  I  Q  V  Ò  N  G  C  Ổ  Á  T
M  B  T  H  Ắ  T  L  Ư  N  G  H  N  O  H
P  O  Q  Ạ  R  I  I  D  G  Ă  Q  R  K  Ờ
P  I  D  U  P  K  D  I  Á  N  O  G  H  I
U  R  U  É  H  D  P  O  O  G  K  A  O  T
I  U  M  I  P  T  Ề  K  L  T  Y  L  Á  R
D  V  L  Q  U  Ầ  N  J  E  A  N  Á  C  A
P  P  H  U  H  U  Q  O  N  Y  Á  O  Y  N
A  A  T  Ầ  G  M  I  H  P  T  O  C  N  G
J  V  Ò  N  G  T  A  Y  L  V  S  Á  V  P
A  N  Y  P  L  Q  N  Y  U  Á  Ơ  N  V  G
M  Ũ  Ă  M  U  Y  D  N  D  Y  M  H  G  Ớ
A  N  N  K  A  V  Q  Y  G  G  I  À  Y  R
K  H  Ă  N  Q  U  À  N  G  C  Ổ  U  O  T
```

ĂN	TẠP DỀ
VÒNG TAY	GĂNG TAY
VỚ	QUẦN JEAN
ÁO CÁNH	ÁO LEN
ÁO SƠ MI	THỜI TRANG
MŨ	QUẦN
THẮT LƯNG	PAJAMA
VÒNG CỔ	DÉP
ÁO KHOÁC	GIÀY
VÁY	KHĂN QUÀNG CỔ

88 - Attività e Tempo Libero

```
S  H  D  D  Y  U  B  B  Ơ  I  L  Ộ  I  L
Q  Ở  K  C  D  P  Ó  Ứ  L  M  Ư  R  K  À
U  A  T  K  L  Ặ  N  R  C  C  Ớ  P  O  M
Y  A  Y  H  L  L  G  Y  Â  T  T  M  R  V
Ề  D  A  V  Í  O  R  I  U  H  R  U  B  Ư
N  H  I  L  C  C  Ổ  G  C  Ư  L  A  Ó  Ờ
A  D  U  L  Ị  C  H  U  Á  G  U  S  N  N
N  G  H  Ệ  T  H  U  Ậ  T  I  C  Ắ  G  H
H  B  C  B  Q  Q  M  Y  B  Ã  Ắ  M  C  H
P  B  Ó  N  G  C  H  À  Y  N  M  U  H  M
Q  U  Ầ  N  V  Ợ  T  L  A  G  T  V  U  G
B  M  R  T  G  A  K  D  L  O  R  B  Y  B
I  V  P  D  N  Đ  U  A  P  L  Ạ  D  Ề  U
M  P  Q  C  D  N  Á  R  Y  F  I  C  N  G
```

NGHỆ THUẬT   BƠI LỘI
BÓNG CHÀY   BÓNG CHUYỀN
BÓNG RỔ   CÂU CÁ
QUYỀN ANH   BỨC TRANH
BÓNG ĐÁ   THƯ GIÃN
CẮM TRẠI   MUA SẮM
LÀM VƯỜN   LƯỚT
GOLF   QUẦN VỢT
SỞ THÍCH   DU LỊCH
LẶN

89 - Tecnologia

```
D  H  Q  C  O  G  C  A  Q  Y  R  H  C  C
H  U  N  O  T  H  Q  R  M  C  Y  C  K  V
M  N  M  N  G  H  I  Ê  N  C  Ứ  U  Ả  O
D  O  K  T  R  Ì  N  H  D  U  Y  Ễ  T  I
T  Ữ  B  R  H  A  N  N  I  N  H  T  V  N
H  O  L  Ỏ  H  Ô  K  M  Y  Q  V  Ậ  I  T
Ố  U  O  I  Y  O  N  M  B  Q  L  P  R  E
N  T  G  M  Ễ  D  T  G  C  R  L  T  Ú  R
G  G  N  Á  P  U  Y  K  Đ  C  T  I  T  N
K  B  V  Y  L  Y  L  V  A  I  H  N  P  E
Ê  K  Ỹ  T  H  U  Ậ  T  S  Ố  Ễ  Ữ  N  T
Y  C  D  Í  M  Á  Y  Ả  N  H  L  P  Ộ  M
V  G  K  N  P  H  Ầ  N  M  Ề  M  K  I  À
H  M  Q  H  U  Q  L  M  A  G  P  Q  I  N
```

BLOG
TRÌNH DUYỆT
NỘI
MÁY TÍNH
CON TRỎ
DỮ LIỆU
KỸ THUẬT SỐ
TẬP TIN
CHỮ
INTERNET

THÔNG ĐIỆP
NGHIÊN CỨU
MÀN
AN NINH
PHẦN MỀM
THỐNG KÊ
MÁY ẢNH
ẢO
VI RÚT

90 - Arte

```
H  B  C  T  Y  P  P  V  A  N  O  M  Q  A
I  I  Á  R  O  T  V  P  Y  A  Y  Y  L  A
Đ  Ể  N  Ự  P  T  B  Q  Q  B  Q  C  N  R
Ơ  U  H  C  D  L  Y  R  A  B  A  U  R  V
N  H  Â  Q  I  I  K  I  O  T  C  N  I  Y
G  I  N  U  Y  T  R  U  N  G  T  H  Ự  C
I  Ễ  U  A  U  G  H  O  G  Ố  M  D  T  V
Ả  N  A  N  K  T  O  Ơ  D  C  P  I  B  I
N  N  N  O  N  H  M  U  O  Ả  H  M  R  L
B  I  Ể  U  T  Ư  Ợ  N  G  M  Ứ  Ủ  C  Y
Đ  I  Ê  U  K  H  Ắ  C  P  H  C  I  Đ  D
A  C  K  N  O  B  M  O  U  Ứ  T  N  B  Ề
Y  T  H  À  N  H  P  H  Ầ  N  Ạ  I  R  B
H  D  T  Â  M  T  R  Ạ  N  G  P  V  Y  O
```

GỐM	THƠ
PHỨC TẠP	ĐIÊU KHẮC
THÀNH PHẦN	ĐƠN GIẢN
BIỂU HIỆN	BIỂU TƯỢNG
CẢM HỨNG	CHỦ ĐỀ
TRUNG THỰC	TÂM TRẠNG
GÓC	TRỰC QUAN
CÁ NHÂN	

91 - Meteo

```
G  I  Ó  B  D  L  K  H  Ô  N  G  K  H  Í
I  I  M  K  U  T  Ố  C  H  G  M  Y  O  L
S  U  Ó  B  K  B  P  C  Ầ  U  V  Ồ  N  G
Ư  Đ  Á  M  M  Â  Y  N  X  U  K  K  L  A
Ơ  Ẩ  D  N  Ù  U  K  B  Y  O  V  U  V  H
N  N  M  D  Q  A  H  Ạ  N  H  Á  N  K  C
G  Ư  Q  Ự  C  T  Í  C  Ự  C  D  Y  D  Ơ
M  Ớ  T  R  Ớ  K  H  B  Ã  O  T  Á  P  N
Ù  C  S  É  T  T  Ậ  Ầ  K  H  Ô  R  O  B
B  Đ  Ấ  R  C  N  U  U  P  Y  I  M  G  Ã
C  Á  M  N  H  I  Ễ  T  Đ  Ớ  I  A  U  O
B  R  S  U  U  O  L  R  D  C  O  P  U  G
K  I  É  D  R  D  M  Ờ  T  N  R  B  I  N
R  D  T  B  L  N  H  I  Ệ  T  Đ  Ộ  N  B
```

CẦU VỒNG	CỰC
KHÔ	HẠN HÁN
KHÔNG KHÍ	NHIỆT ĐỘ
BẦU TRỜI	BÃO TÁP
KHÍ HẬU	LỐC XOÁY
SÉT	NHIỆT ĐỚI
NƯỚC ĐÁ	SẤM SÉT
GIÓ MÙA	ẨM ƯỚT
SƯƠNG MÙ	CƠN BÃO
ĐÁM MÂY	GIÓ

92 - Corpo Umano

```
M  U  Ó  N  G  B  V  M  Ắ  T  C  Á  P  B
D  Ắ  C  Ổ  C  U  L  M  O  A  Ằ  Y  L  A
C  A  T  I  M  I  Ễ  N  G  Y  M  V  A  I
Q  O  V  H  U  P  I  G  N  M  G  K  O  V
Đ  Ố  I  M  Ặ  T  K  Ó  B  L  Ũ  R  Y  N
M  Á  U  L  K  K  Đ  N  Ụ  Y  P  I  L  O
M  R  G  G  R  Q  Ầ  T  N  K  L  D  V  A
Đ  Ầ  U  G  Ố  I  U  A  G  L  V  M  L  B
D  O  K  O  A  O  A  Y  C  Y  C  I  P  C
T  C  R  O  R  K  L  T  H  V  N  D  C  Q
I  P  Y  A  D  C  A  Q  Â  A  D  A  R  U
C  C  V  M  Q  Y  O  G  N  K  K  G  B  G
T  B  K  O  U  C  G  T  R  G  P  O  K  N
K  H  U  Ỷ  U  T  A  Y  T  A  I  H  C  M
```

MIỆNG	TAY
MẮT CÁ	CẰM
ÓC	MŨI
CỔ	MẮT
TIM	TAI
NGÓN TAY	DA
ĐỐI MẶT	MÁU
CHÂN	VAI
ĐẦU GỐI	BỤNG
KHUỶU TAY	ĐẦU

93 - Mammiferi

```
H  P  C  Ừ  U  C  G  C  Á  O  U  P  M  C
Ư  I  Á  C  H  O  Ấ  L  H  T  U  A  G  O
Ơ  K  V  H  U  N  U  A  K  Ó  L  Q  I  N
U  Q  O  Ó  D  M  O  A  H  R  S  A  B  V
C  H  I  T  Y  È  H  A  T  I  O  Ó  V  O
A  O  Ư  K  K  O  K  H  Ỉ  Đ  Ộ  T  I  I
O  T  Y  Ơ  R  R  C  C  Á  H  E  O  K  Q
C  I  Y  O  U  C  O  O  H  Y  T  D  A  A
Ổ  B  S  Ư  T  Ử  B  V  Q  C  H  K  N  K
T  H  Ỏ  K  B  E  Ò  P  D  T  B  B  G  D
R  Y  M  H  K  U  Đ  H  L  D  V  Y  A  D
K  C  D  B  N  G  Ự  A  G  D  G  H  R  R
H  P  O  M  I  H  C  V  Y  B  I  N  O  M
Ỉ  N  G  Ự  A  V  Ằ  N  N  U  C  L  O  O
```

CÁ VOI	HƯƠU CAO CỔ
CHÓ	KHỈ ĐỘT
KANGAROO	SƯ TỬ
NGỰA	CHÓ SÓI
HƯƠU	GẤU
THỎ	CỪU
COYOTE	KHỈ
CÁ HEO	BÒ ĐỰC
CON VOI	CÁO
CON MÈO	NGỰA VẰN

94 - Arrampicata

```
M T U T B C I G V Ậ T L Ý N
H Ũ G B U D G Ă Đ À O T Ạ O
Ư U B N K Y Ổ N Đ Ị N H T K
Ớ Y Ả Ả L D L G B T Y A K U
N Y N K O C K T S L M N T Y
G U Đ P C H P A Ự Đ H G K O
D N Ồ L N U I Y T Ộ K D C K
Ẫ V I D I Y T Ể Ò C Q Q K P
N H D A P Ê G D M A N P R O
S Ứ C M Ạ N H L Ò O V V L G
H K R U V G K H Ô N G K H Í
Q Ẹ K L G I À Y Ố N G T N O
C H P D N A G N Y O H C T G
L P C H Ấ N T H Ư Ơ N G R K
```

ĐỘ CAO
KHÔNG KHÍ
MŨ BẢO HIỂM
SỰ TÒ MÒ
CHUYÊN GIA
VẬT LÝ
ĐÀO TẠO
SỨC MẠNH

HANG
GĂNG TAY
HƯỚNG DẪN
CHẤN THƯƠNG
BẢN ĐỒ
ỔN ĐỊNH
GIÀY ỐNG
HẸP

95 - Animali Domestici

```
R  B  T  M  C  R  V  T  Q  B  Q  I  U  Y
P  B  H  B  Á  C  S  Ĩ  T  H  Ú  Y  C  C
Q  D  Ứ  K  U  M  O  M  L  D  B  U  A  O
V  K  C  Á  Q  È  N  Q  C  N  H  H  C  N
A  Q  Ă  H  V  O  M  O  P  R  L  D  K  M
U  B  N  Ư  Ớ  C  H  Ó  L  R  B  U  U  È
C  C  H  Ó  C  O  N  O  H  U  V  B  A  O
D  O  U  I  B  N  C  D  I  G  B  Ò  P  L
T  D  N  C  O  N  T  H  Ằ  N  L  Ằ  N  Q
H  N  Ê  V  D  K  Y  Đ  U  Ô  I  D  C  A
Ỏ  R  O  D  Ẹ  C  O  D  M  Ộ  A  C  B  C
L  Q  Q  B  N  T  H  A  M  S  T  E  R  Ổ
T  G  O  P  M  O  Y  R  O  L  P  B  Ù  Á
I  V  G  L  A  A  G  N  K  O  K  K  A  O
```

NƯỚC	MÈO CON
CHÓ	CON MÈO
DÊ	CON THẰN LẰN
THỨC ĂN	BÒ
ĐUÔI	CON VẸT
CỔ ÁO	CÁ
THỎ	RÙA
HAMSTER	CHUỘT
CHÓ CON	BÁC SĨ THÚ Y

96 - Cucina

```
I  Q  V  C  U  F  V  L  B  Á  T  Y  Y  G
H  C  Y  O  P  O  G  R  Y  K  R  K  K  I
H  K  I  B  A  R  C  T  A  B  Q  Đ  Ũ  A
L  Ò  C  C  T  K  K  H  Ă  N  Ă  N  C  V
Q  O  P  P  I  S  O  T  H  L  L  U  N  !
B  Ọ  T  B  I  Ể  N  D  A  O  R  O  D  D
Ì  O  H  Ủ  L  Q  Q  N  Q  Q  C  D  Q  I
N  D  Ứ  G  L  Q  D  Q  A  D  Y  T  U  V
H  Q  C  I  M  Ạ  Q  P  A  T  L  Y  H  O
Ấ  Y  Ă  P  V  C  N  Ư  Ớ  N  G  N  T  Q
O  M  N  V  O  I  T  H  Ì  A  L  M  A  B
P  U  M  V  N  V  G  I  B  K  V  N  T  N
T  Ạ  P  D  Ề  T  C  Ô  N  G  T  H  Ứ  C
T  O  R  B  C  O  N  L  L  L  Y  H  Q  K
```

ĐŨA   TỦ LẠNH
ẤM   TẠP DỀ
BÌNH   NƯỚNG
THỨC ĂN   CÔNG THỨC
BÁT   GIA VỊ
DAO   BỌT BIỂN
THÌA   LY
FORKS   KHĂN ĂN
LÒ

97 - Vacanze #2

```
K  B  T  C  Ả  H  À  N  H  T  R  Ì  N  H
H  V  H  O  Ẳ  N  H  L  Q  P  O  D  G  L
Á  Ậ  Ị  Y  B  M  H  L  C  I  N  H  À  I
C  N  T  Y  Y  Q  T  Đ  T  N  B  G  Y  B
H  C  H  M  U  X  L  R  I  L  I  L  L  Ã
S  H  Ự  T  H  E  Ề  P  Ạ  Ể  P  P  Ễ  I
Ạ  U  C  R  G  L  U  M  B  I  M  D  G  B
N  Y  A  G  M  Ử  D  B  O  L  U  Đ  T  I
Q  Ể  Y  R  H  A  D  T  U  M  D  C  Ế  Ể
I  N  G  L  O  U  Đ  Ả  O  Y  A  A  R  N
G  I  Ả  I  T  R  Í  O  S  Â  N  B  A  Y
X  E  T  Ắ  C  X  I  H  Ộ  C  H  I  Ế  U
N  G  O  Ạ  I  Q  U  Ố  C  Y  B  Ể  B  N
L  N  Y  P  Q  N  Ú  I  K  B  Ả  N  Đ  Ồ
```

SÂN BAY
CẮM TRẠI
ĐIỂM ĐẾN
ẢNH
KHÁCH SẠN
ĐẢO
BẢN ĐỒ
BIỂN
NÚI
HỘ CHIẾU

BÃI BIỂN
NGOẠI QUỐC
XE TẮC XI
GIẢI TRÍ
LỀU
VẬN CHUYỂN
XE LỬA
NGÀY LỄ
HÀNH TRÌNH
THỊ THỰC

98 - Attività

```
H  U  I  U  A  N  B  I  K  C  O  P  C  M
À  I  O  H  D  C  H  Ứ  D  N  N  U  T  A
I  M  O  Q  L  M  O  Q  C  Â  U  C  Á  T
L  C  Â  U  Đ  Ố  Ạ  N  M  T  I  V  Q  H
Ò  Đ  T  V  Ọ  H  T  S  G  K  R  O  M  U
N  G  A  K  C  Q  Đ  I  Ă  Ỹ  B  A  G  Ậ
G  A  G  N  Q  G  Ộ  N  H  N  O  T  N  T
L  À  M  V  Ư  Ờ  N  M  B  Ă  B  C  A  H
M  A  Y  G  R  U  G  T  A  N  K  Ắ  M  Ư
Đ  Ồ  T  H  Ủ  C  Ô  N  G  G  Q  M  N  G
N  H  I  Ế  P  Ả  N  H  L  G  C  T  M  I
N  G  H  Ệ  T  H  U  Ậ  T  I  H  R  K  Ã
G  R  Q  T  R  Ò  C  H  Ơ  I  B  Ạ  V  N
G  I  Ả  I  T  R  Í  L  L  P  N  I  I  R
```

KỸ NĂNG
NGHỆ THUẬT
ĐỒ THỦ CÔNG
HOẠT ĐỘNG
SĂN BẮN
CẮM TRẠI
MAY
NHIẾP ẢNH
LÀM VƯỜN
TRÒ CHƠI

ĐỌC
MA THUẬT
ĐAN
CÂU CÁ
HÀI LÒNG
BỨC TRANH
CÂU ĐỐ
THƯ GIÃN
GIẢI TRÍ

99 - Forniture Artistiche

```
L  B  À  N  M  B  K  B  B  B  T  M  P  C
U  N  K  K  À  À  Ú  O  N  A  T  Ự  A  R
Q  A  D  Ầ  U  B  U  T  H  A  N  C  S  G
K  Đ  Q  U  S  P  O  N  C  O  M  I  T  H
R  Ấ  A  H  Ắ  L  C  P  Ư  H  L  N  E  O
A  T  Ẩ  Y  C  Q  N  R  D  Ớ  Ì  B  L  U
U  S  Ý  T  Ư  Ở  N  G  H  Ế  C  N  S  C
R  É  A  C  R  Y  L  I  C  O  U  Ư  V  B
D  T  I  H  B  Y  A  V  G  L  A  Ớ  P  K
D  B  Ì  B  À  N  C  H  Ả  I  R  C  Y  Y
I  G  P  S  Á  N  G  T  Ạ  O  Ấ  Q  D  O
M  Á  Y  Ả  N  H  T  N  P  C  U  Y  D  Y
R  K  D  O  C  G  C  N  D  R  K  N  T  M
P  Q  K  E  O  H  O  N  R  E  A  S  E  L
```

NƯỚC	TẨY
MÀU NƯỚC	Ý TƯỞNG
ACRYLIC	MỰC
ĐẤT SÉT	BÚT CHÌ
THAN	DẦU
GIẤY	PASTELS
EASEL	GHẾ
KEO	BÀN CHẢI
MÀU SẮC	BÀN
SÁNG TẠO	MÁY ẢNH

100 - Misurazioni

```
T  Ấ  N  P  K  V  D  Q  B  I  U  C  I  V
K  R  G  C  I  N  Y  T  Đ  Ộ  S  Â  U  V
B  I  Ì  Y  B  D  C  H  I  K  C  N  Y  C
N  B  L  N  O  L  U  Ậ  I  I  Y  N  O  E
M  H  L  Ô  H  K  P  P  G  L  P  Ặ  O  N
A  I  Í  O  G  Đ  P  P  Q  Ô  U  N  I  T
B  Y  T  E  D  A  Ộ  H  D  M  H  G  H  I
K  R  C  H  Q  Y  M  Â  Ú  É  G  R  A  M
K  H  Ố  I  L  Ư  Ợ  N  G  T  R  G  B  E
U  G  L  N  A  C  H  I  Ề  U  D  À  I  T
M  É  T  C  H  I  Ề  U  C  A  O  H  H  L
T  Y  R  H  O  U  N  C  E  B  H  M  A  P
C  H  I  Ề  U  R  Ộ  N  G  P  M  G  I  B
Â  M  L  Ư  Ợ  N  G  K  I  Q  H  V  O  H
```

CHIỀU CAO	CHIỀU DÀI
BYTE	KHỐI LƯỢNG
CENTIMET	MÉT
KILÔGAM	PHÚT
KILÔMÉT	OUNCE
THẬP PHÂN	CÂN NẶNG
TRÌNH ĐỘ	INCH
GRAM	ĐỘ SÂU
CHIỀU RỘNG	TẤN
LÍT	ÂM LƯỢNG

1 - Scacchi

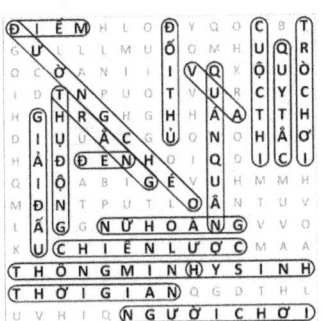

2 - Strumenti

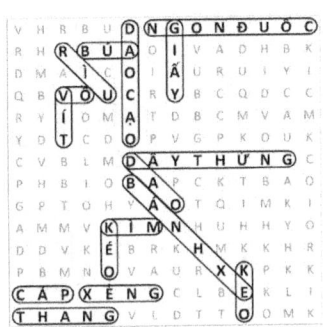

3 - Aggettivi #2

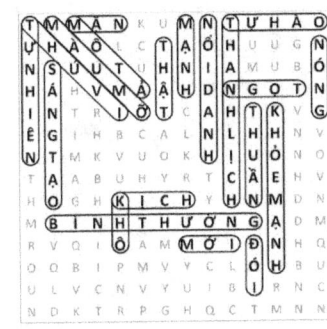

4 - Mobili

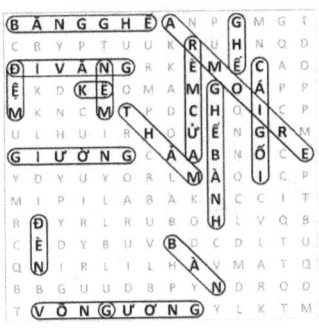

5 - Pesca

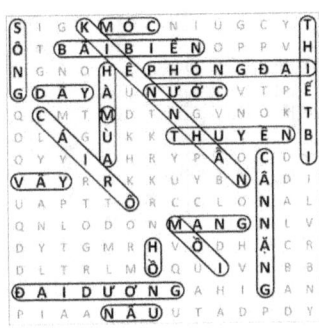

6 - Aggettivi #1

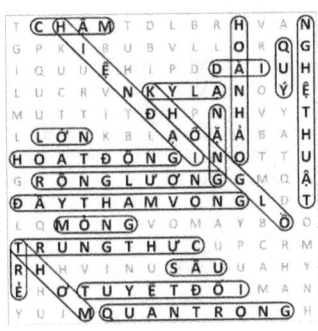

7 - Geologia

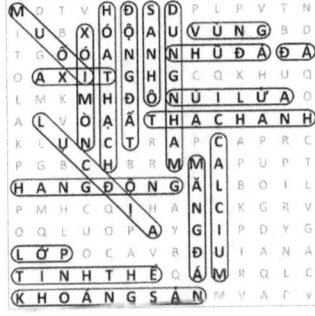

8 - Campeggio

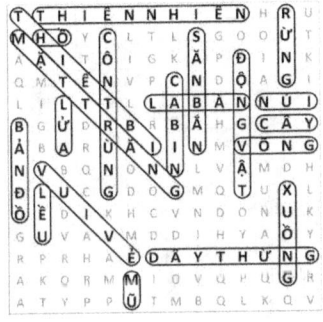

9 - Arti Visive

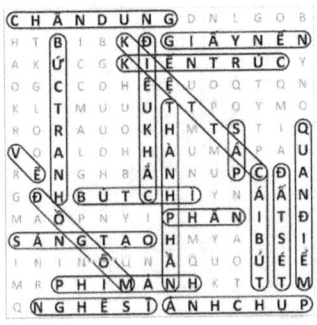

10 - Tempo

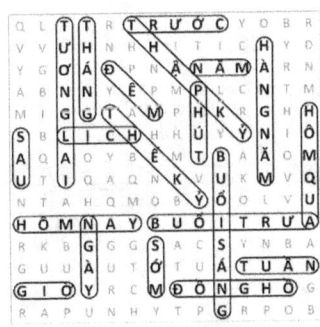

11 - Astronomia

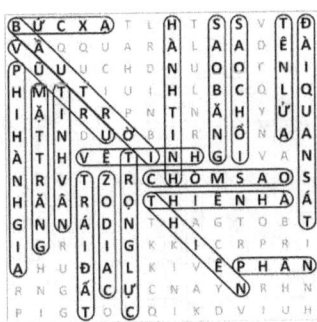

12 - Circo

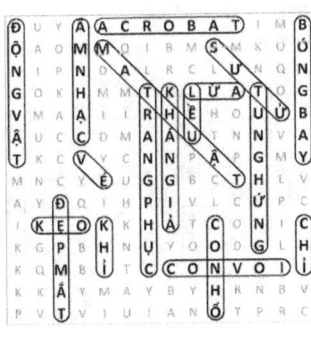

13 - Mitologia

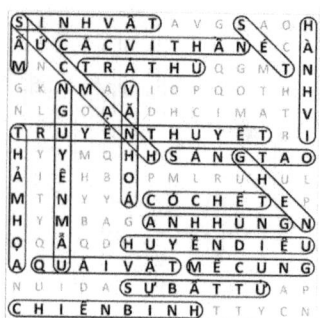

14 - Piante

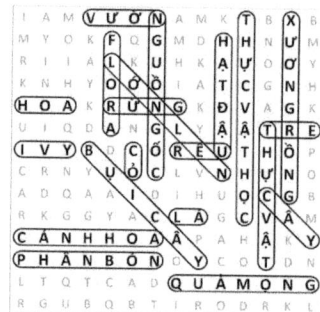

15 - Spezie

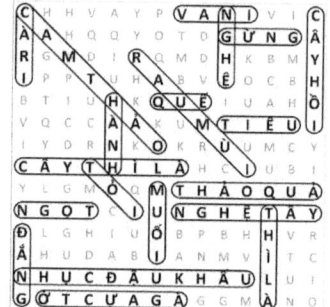

16 - Numeri

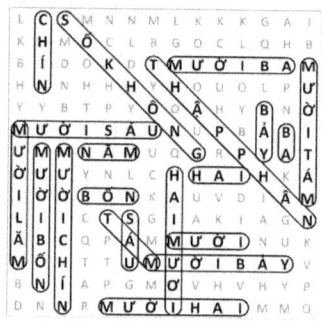

17 - Cioccolato

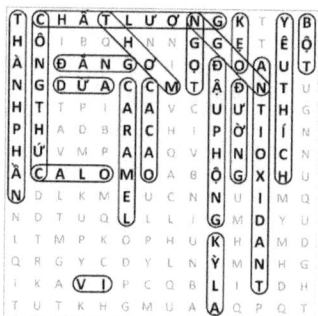

18 - Guida

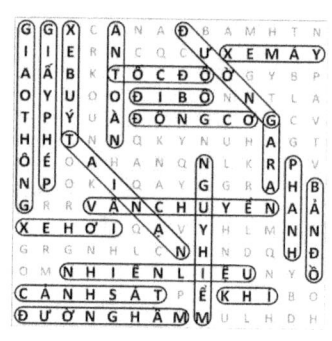

19 - Sport

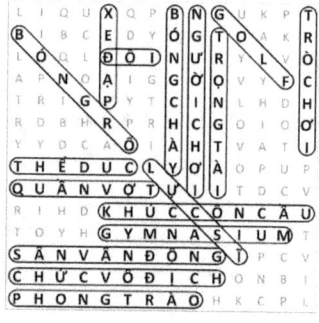

20 - Giocattoli

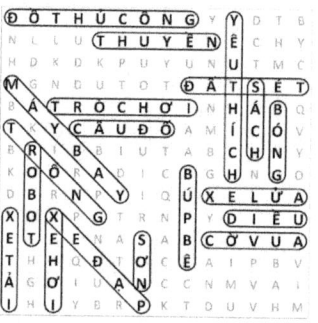

21 - Strumenti di Cottura

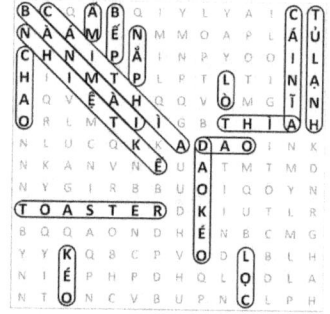

22 - Uccelli

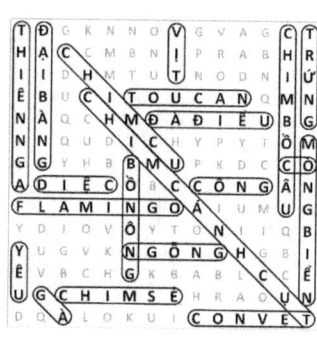

23 - Giorni e Mesi

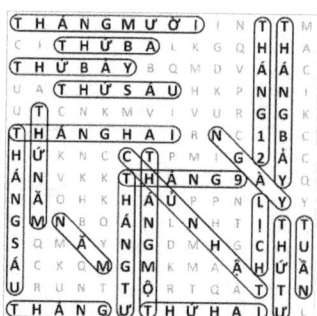

24 - Casa

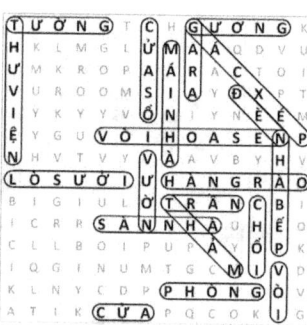

25 - Ristorante #1

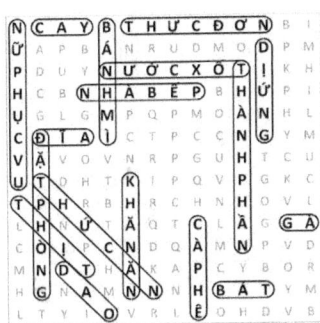

26 - Fantascienza

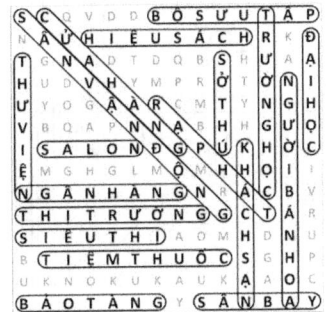

27 - Città

28 - Virtù #1

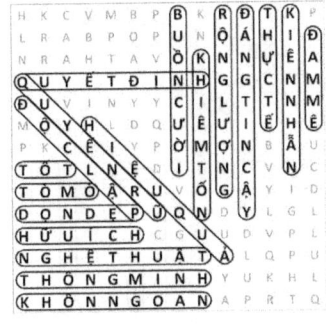

29 - Compleanno

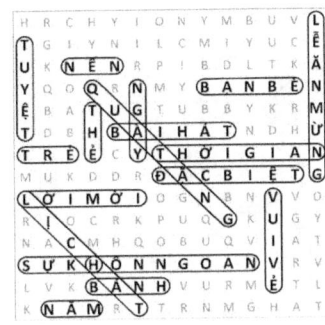

30 - Fattoria #1

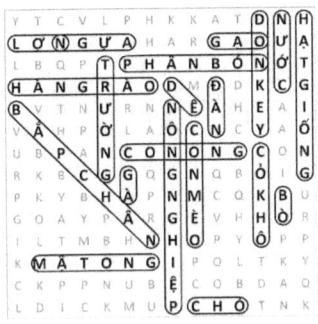

31 - Paesaggi

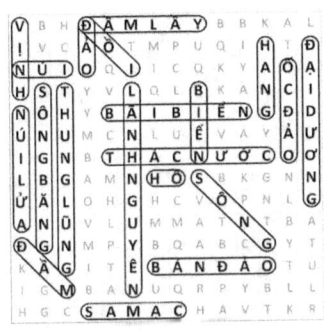

32 - Ristorante #2

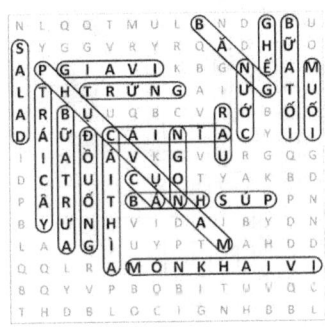

33 - Giardino

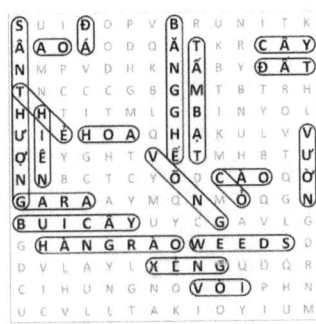

34 - Frutta

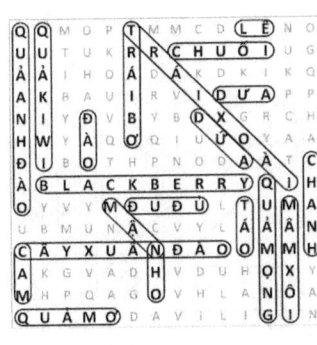

35 - Fattoria #2

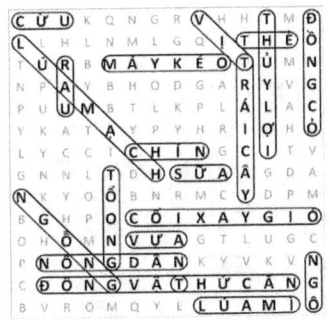

36 - Dinosauri

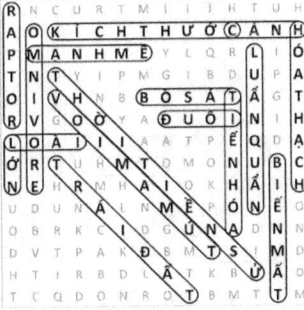

37 - Verdure

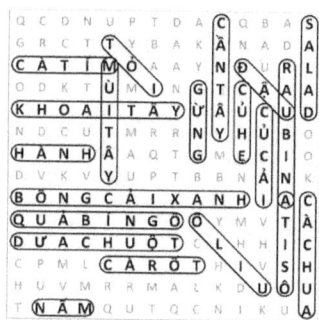

38 - Scuola #2

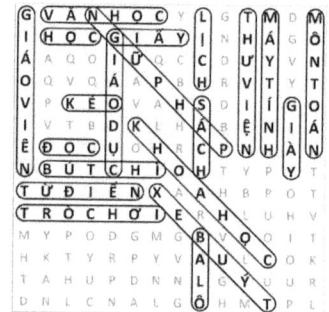

39 - Barbecue

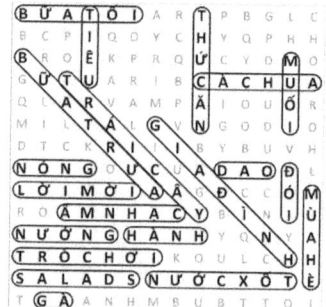

40 - Riempire

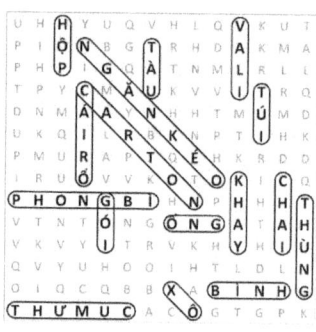

41 - Insetti

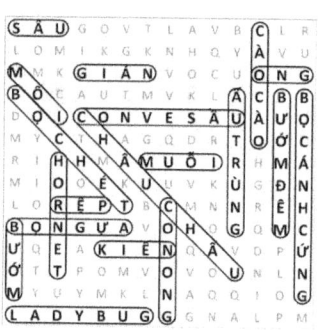

42 - Erboristeria

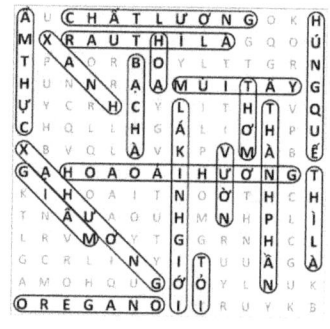

43 - Danza

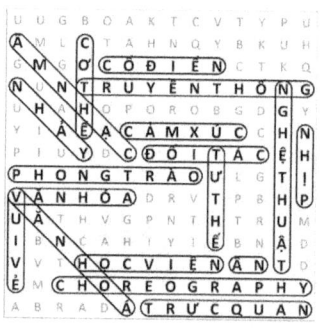

44 - Scuola #1

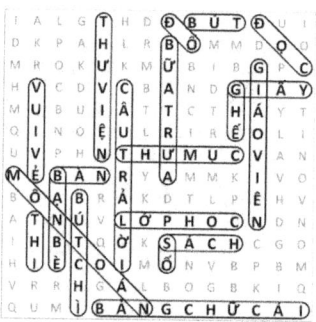

45 - Fiori

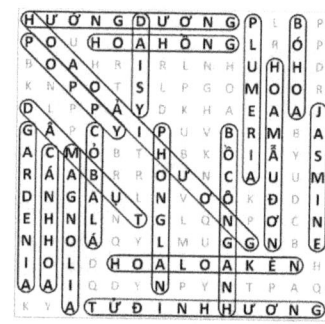

46 - Ecologia

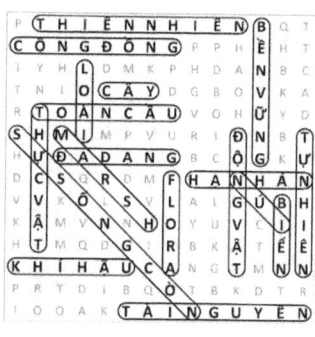

47 - Discipline Scientifiche

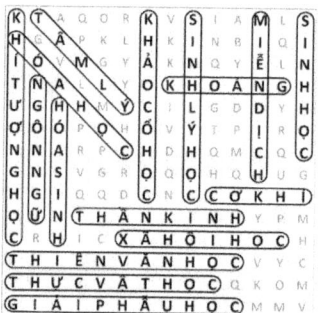

48 - Scienza

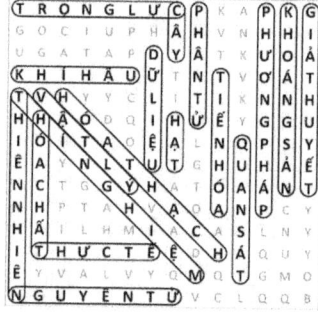

49 - Acqua

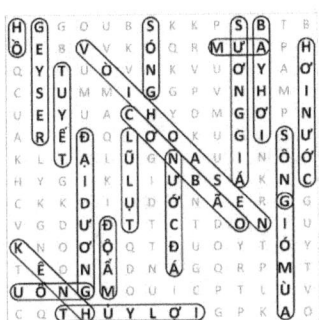

50 - Gatti

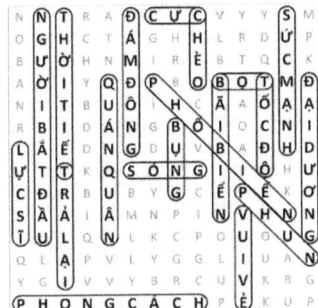

51 - Surf

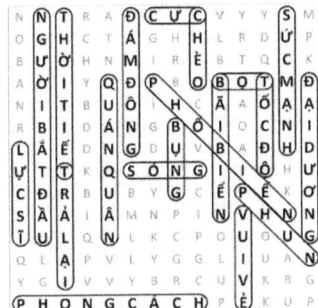

52 - Imbarcazioni

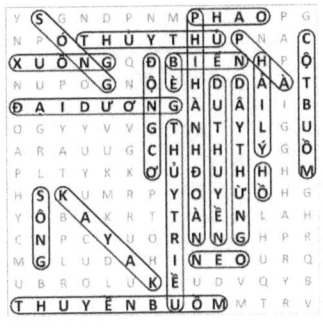

53 - Api

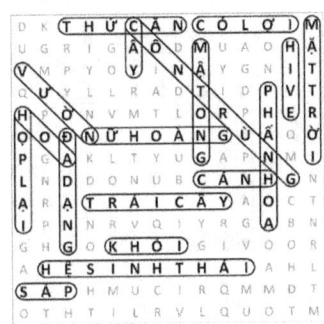

54 - Conservazione

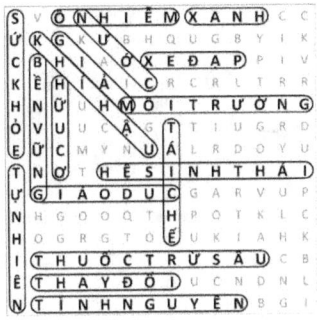

55 - Strumenti Musicali

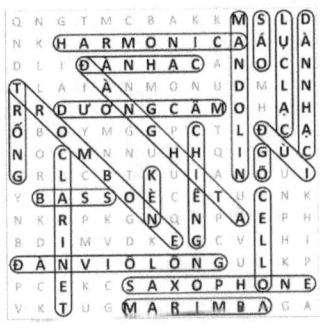

56 - Professioni #2

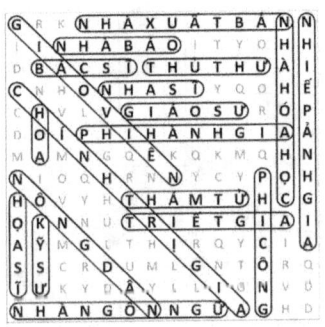

57 - Letteratura

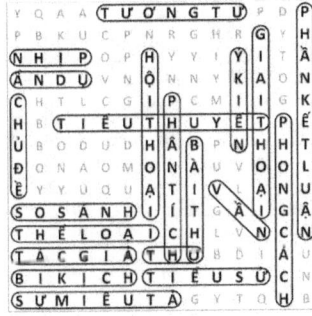

58 - Cibo #2

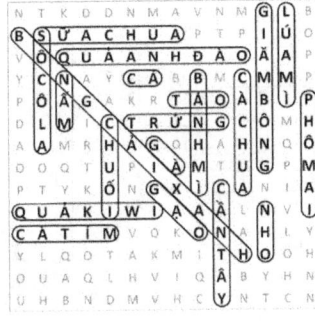

59 - Nutrizione

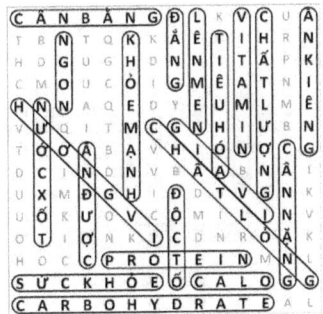

60 - Matematica

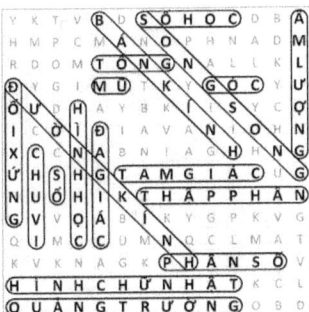

61 - Bagno

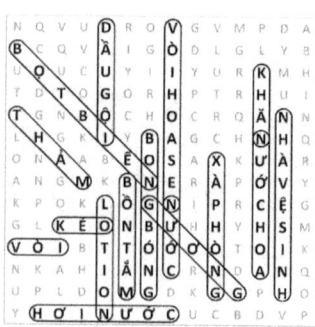

62 - Meditazione

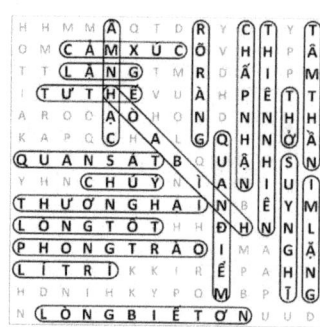

63 - Estate

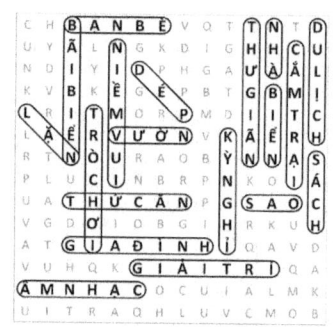

64 - Escursionismo

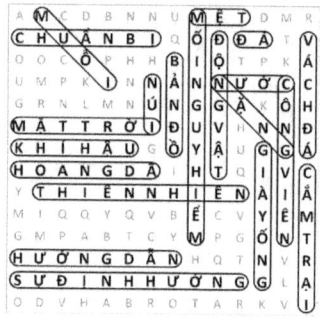

65 - Professioni #1

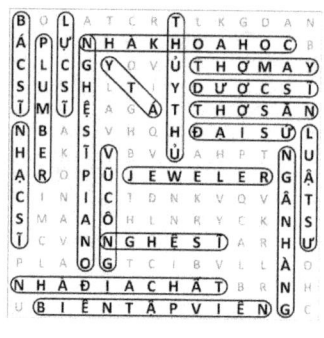

66 - Antartide

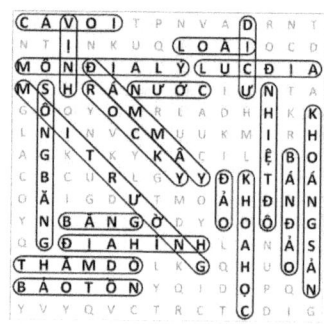

67 - Libri

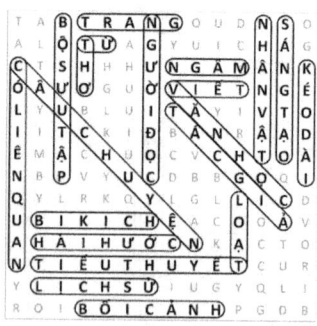

68 - Geografia

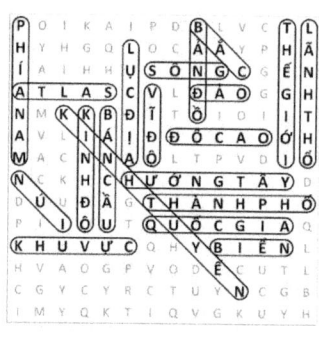

69 - Cibo #1

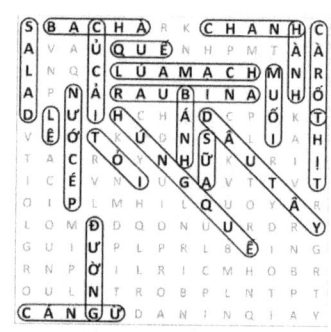

70 - Aeroplani

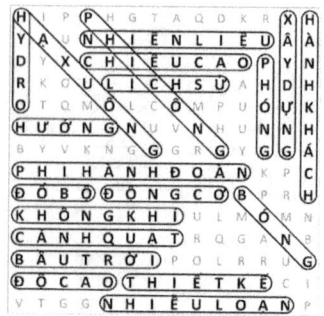

71 - Pirati

72 - Colori

73 - Spiaggia

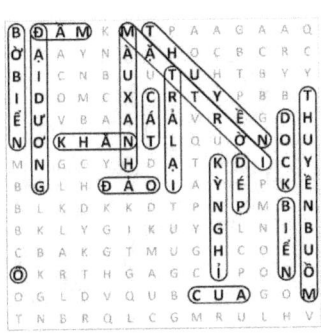

74 - Avventura

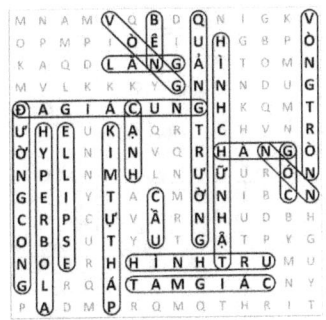

75 - Forme

76 - Oceano

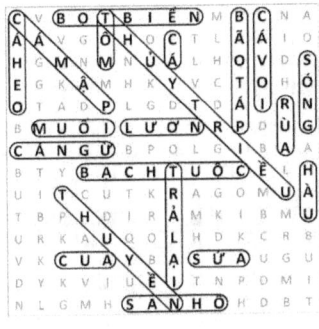

77 - Famiglia

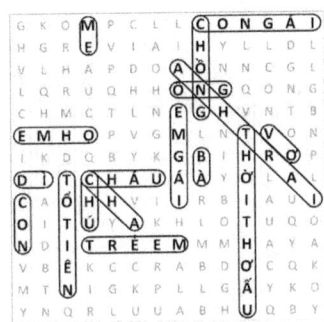

78 - Veicoli

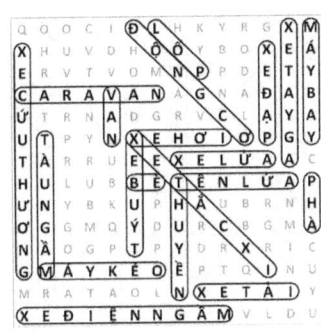

79 - Emozioni

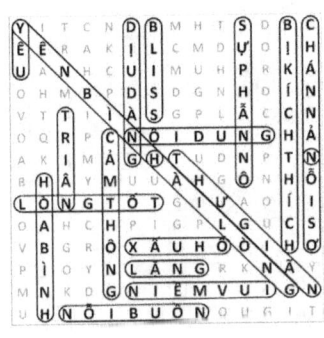

80 - Natura

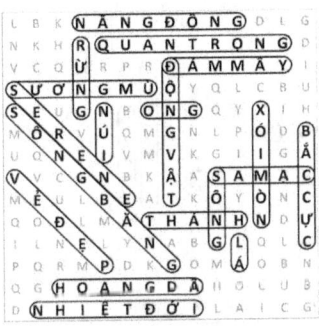

81 - Balletto

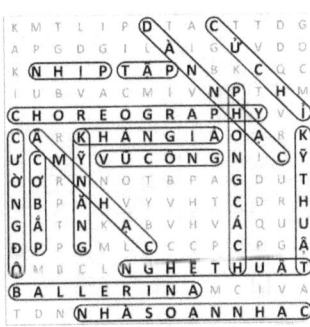

82 - Castelli

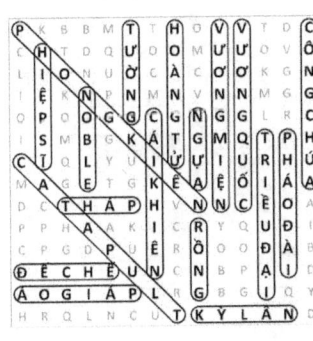

83 - Foresta Pluviale

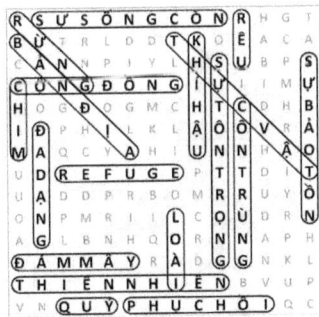

84 - Edifici

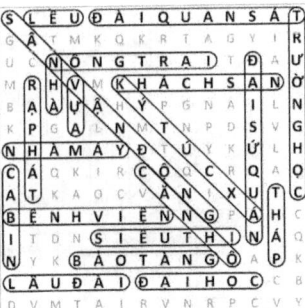

85 - Paesi #2

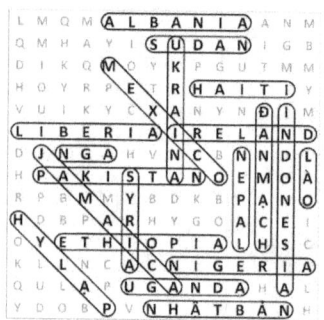

86 - Tipi di Capelli

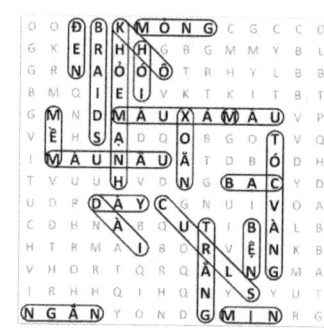

87 - Vestiti

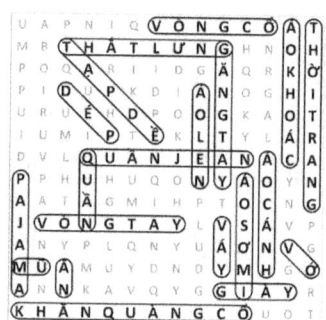

88 - Attività e Tempo Libero

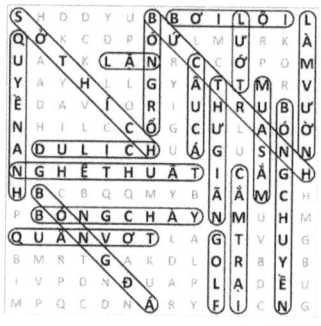

89 - Tecnologia

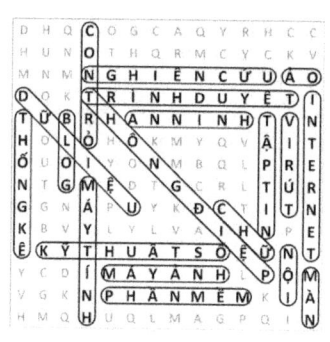

90 - Arte

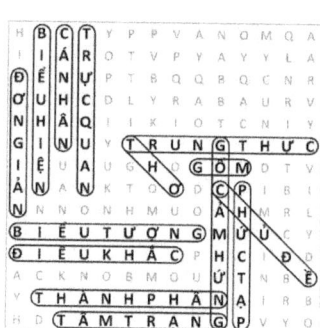

91 - Meteo

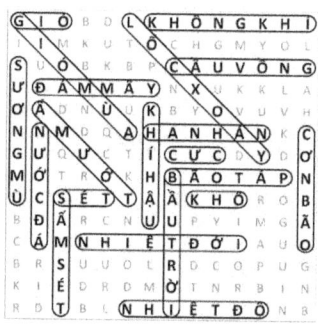

92 - Corpo Umano

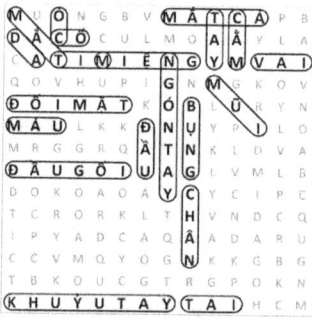

93 - Mammiferi

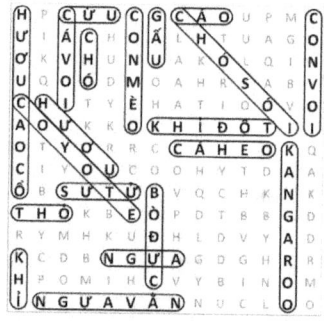

94 - Arrampicata

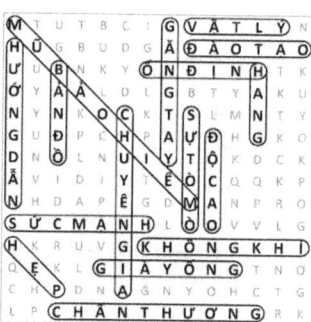

95 - Animali Domestici

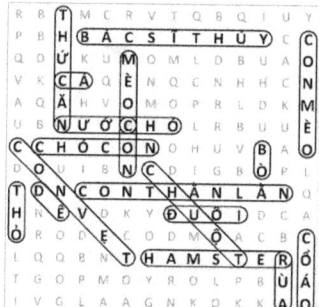

96 - Cucina

97 - Vacanze #2

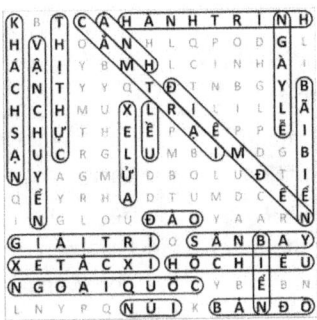

98 - Attività

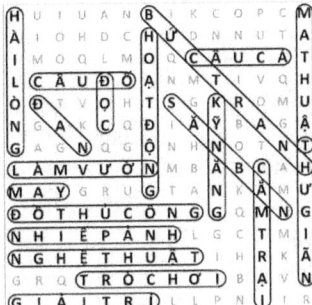

99 - Forniture Artistiche

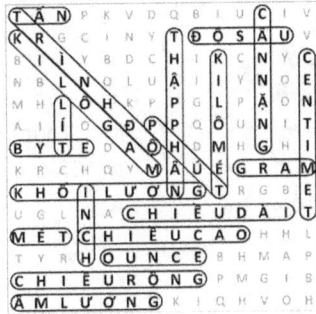

100 - Misurazioni

Dizionario

Acqua
Nước

Alluvione	Lũ Lụt
Canale	Kênh
Doccia	Vòi hoa Sen
Evaporazione	Bay Hơi
Fiume	Sông
Gelo	Sương Giá
Geyser	Geyser
Ghiaccio	Nước Đá
Irrigazione	Thủy Lợi
Lago	Hồ
Monsone	Gió Mùa
Neve	Tuyết
Oceano	Đại Dương
Onde	Sóng
Pioggia	Mưa
Potabile	Uống
Umidità	Độ Ẩm
Uragano	Cơn Bão
Vapore	Hơi Nước

Aeroplani
Máy Bay

Altezza	Chiều Cao
Altitudine	Độ Cao
Aria	Không Khí
Atterraggio	Đổ Bộ
Carburante	Nhiên Liệu
Cielo	Bầu Trời
Costruzione	Xây Dựng
Design	Thiết Kế
Direzione	Hướng
Discesa	Hạ Xuống
Eliche	Cánh Quạt
Equipaggio	Phi Hành Đoàn
Idrogeno	Hydro
Lanciare	Phóng
Motore	Động Cơ
Palloncino	Bóng
Passeggero	Hành Khách
Pilota	Phi Công
Storia	Lịch Sử
Turbolenza	Nhiễu Loạn

Aggettivi #1
Tính từ số 1

Ambizioso	Đầy Tham Vọng
Aromatico	Thơm
Artistico	Nghệ Thuật
Assoluto	Tuyệt Đối
Attivo	Hoạt Động
Enorme	Khổng Lồ
Esotico	Kỳ Lạ
Generoso	Rộng Lượng
Giovane	Trẻ
Grande	Lớn
Importante	Quan Trọng
Lento	Chậm
Lungo	Dài
Moderno	Hiện Đại
Onesto	Trung Thực
Perfetto	Hoàn Hảo
Pesante	Nặng
Prezioso	Quý
Profondo	Sâu
Sottile	Mỏng

Aggettivi #2
Tính từ số 2

Affamato	Đói
Asciutto	Khô
Autentico	Thật
Caldo	Nóng
Creativo	Sáng Tạo
Descrittivo	Mô Tả
Dolce	Ngọt
Drammatico	Kịch
Elegante	Thanh Lịch
Famoso	Nổi Danh
Forte	Mạnh
Interessante	Thú Vị
Naturale	Tự Nhiên
Normale	Bình Thường
Nuovo	Mới
Orgoglioso	Tự Hào
Produttivo	Màu Mỡ
Puro	Thuần
Salato	Mặn
Sano	Khỏe Mạnh

Animali Domestici
Thú Cưng

Acqua	Nước
Cane	Chó
Capra	Dê
Cibo	Thức Ăn
Coda	Đuôi
Collare	Cổ Áo
Coniglio	Thỏ
Criceto	Hamster
Cucciolo	Chó Con
Gattino	Mèo Con
Gatto	Con Mèo
Lucertola	Con Thằn Lằn
Mucca	Bò
Pappagallo	Con Vẹt
Pesce	Cá
Tartaruga	Rùa
Topo	Chuột
Veterinario	Bác sĩ thú Y

Antartide
Nam Cực

Acqua	Nước
Ambiente	Môi Trường
Baia	Vịnh
Balene	Cá Voi
Conservazione	Bảo Tồn
Continente	Lục Địa
Esplorazione	Thăm Dò
Geografia	Môn địa Lý
Ghiacciai	Sông Băng
Ghiaccio	Băng
Isole	Đảo
Migrazione	Di Cư
Minerali	Khoáng Sản
Nuvole	Đám Mây
Penisola	Bán Đảo
Roccioso	Rocky
Scientifico	Khoa Học
Specie	Loài
Temperatura	Nhiệt Độ
Topografia	Địa Hình

Api
Những con Ong

Ali	Cánh
Alveare	Hive
Benefico	Có Lợi
Cera	Sáp
Cibo	Thức Ăn
Diversità	Đa Dạng
Ecosistema	Hệ Sinh Thái
Fiori	Hoa
Frutta	Trái Cây
Fumo	Khói
Giardino	Vườn
Insetto	Côn Trùng
Miele	Mật Ong
Piante	Cây
Polline	Phấn Hoa
Regina	Nữ Hoàng
Sciame	Họp Lại
Sole	Mặt Trời

Arrampicata
Leo

Altitudine	Độ Cao
Atmosfera	Không Khí
Casco	Mũ bảo Hiểm
Curiosità	Sự tò Mò
Esperto	Chuyên Gia
Fisico	Vật Lý
Formazione	Đào Tạo
Forza	Sức Mạnh
Grotta	Hang
Guanti	Găng Tay
Guide	Hướng Dẫn
Lesione	Chấn Thương
Mappa	Bản Đồ
Stabilità	Ổn Định
Stivali	Giày Ống
Stretto	Hẹp

Arte
Nghệ Thuật

Ceramica	Gốm
Complesso	Phức Tạp
Composizione	Thành Phần
Espressione	Biểu Hiện
Ispirato	Cảm Hứng
Onesto	Trung Thực
Originale	Gốc
Personale	Cá Nhân
Poesia	Thơ
Scultura	Điêu Khắc
Semplice	Đơn Giản
Simbolo	Biểu Tượng
Soggetto	Chủ Đề
Umore	Tâm Trạng
Visivo	Trực Quan

Arti Visive
Nghệ Thuật thị Giác

Architettura	Kiến Trúc
Argilla	Đất Sét
Artista	Nghệ Sĩ
Capolavoro	Kiệt Tác
Cavalletto	Vẽ
Cera	Sáp
Ceramica	Đồ Gốm
Composizione	Thành Phần
Creatività	Sáng Tạo
Film	Phim Ảnh
Fotografia	Ảnh Chụp
Gesso	Phấn
Matita	Bút Chì
Penna	Cái Bút
Pittura	Bức Tranh
Prospettiva	Quan Điểm
Ritratto	Chân Dung
Scultura	Điêu Khắc
Stampino	Giấy Nến

Astronomia
Thiên văn Học

Astronauta	Phi Hành Gia
Celeste	Thiên
Cielo	Bầu Trời
Cometa	Sao Chổi
Cosmo	Vũ Trụ
Costellazione	Chòm Sao
Equinozio	Phân
Galassia	Thiên Hà
Gravità	Trọng Lực
Luna	Mặt Trăng
Meteora	Sao Băng
Nebulosa	Tinh Vân
Osservatorio	Đài Quan Sát
Pianeta	Hành Tinh
Radiazione	Bức Xạ
Razzo	Tên Lửa
Satellite	Vệ Tinh
Supernova	Siêu tân Tinh
Terra	Trái Đất
Zodiaco	Zodiac

Attività
Các Hoạt Động

Abilità	Kỹ Năng
Arte	Nghệ Thuật
Artigianato	Đồ thủ Công
Attività	Hoạt Động
Caccia	Săn Bắn
Campeggio	Cắm Trại
Cucire	May
Fotografia	Nhiếp Ảnh
Giardinaggio	Làm Vườn
Giochi	Trò Chơi
Lettura	Đọc
Magia	Ma Thuật
Maglieria	Đan
Pesca	Câu Cá
Piacere	Hài Lòng
Pittura	Bức Tranh
Puzzle	Câu Đố
Rilassamento	Thư Giãn
Tempo Libero	Giải Trí

Attività e Tempo Libero
Và các Hoạt Động Giải Trí

Arte	Nghệ Thuật
Baseball	Bóng Chày
Basket	Bóng Rổ
Boxe	Quyền Anh
Calcio	Bóng Đá
Campeggio	Cắm Trại
Giardinaggio	Làm Vườn
Golf	Golf
Hobby	Sở Thích
Immersione	Lặn
Nuoto	Bơi Lội
Pallavolo	Bóng Chuyền
Pesca	Câu Cá
Pittura	Bức Tranh
Rilassante	Thư Giãn
Shopping	Mua Sắm
Surf	Lướt
Tennis	Quần Vợt
Viaggio	Du Lịch

Avventura
Cuộc Phiêu Lưu

Amici	Bạn Bè
Attività	Hoạt Động
Bellezza	Vẻ Đẹp
Caso	Cơ Hội
Destinazione	Điểm Đến
Difficoltà	Khó Khăn
Entusiasmo	Hăng Hái
Gioia	Niềm Vui
Itinerario	Hành Trình
Natura	Thiên Nhiên
Navigazione	Dẫn Đường
Nuovo	Mới
Pericoloso	Nguy Hiểm
Preparazione	Chuẩn Bị
Sicurezza	An Toàn
Viaggi	Đi

Bagno
Phòng Tắm

Acqua	Nước
Asciugamano	Khăn
Bagno	Bồn Tắm
Bolle	Bong Bóng
Doccia	Vòi hoa Sen
Forbici	Kéo
Gabinetto	Nhà vệ Sinh
Lozione	Lotion
Profumo	Nước Hoa
Rubinetto	Vòi
Sapone	Xà Phòng
Shampoo	Dầu Gội
Specchio	Gương
Spugna	Bọt Biển
Tappeto	Thảm
Vapore	Hơi Nước

Balletto
Vở Ballet

Abilità	Kỹ Năng
Artistico	Nghệ Thuật
Ballerina	Ballerina
Ballerini	Vũ Công
Compositore	Nhà Soạn Nhạc
Coreografia	Choreography
Gesto	Cử Chỉ
Intensità	Cường Độ
Muscoli	Cơ Bắp
Musica	Âm Nhạc
Orchestra	Dàn Nhạc
Pratica	Tập
Pubblico	Khán Giả
Ritmo	Nhịp
Stile	Phong Cách
Tecnica	Kỹ Thuật

Barbecue
Ăn Thịt Nướng

Caldo	Nóng
Cena	Bữa Tối
Cibo	Thức Ăn
Cipolle	Hành
Coltelli	Dao
Estate	Mùa Hè
Fame	Đói
Famiglia	Gia Đình
Frutta	Trái Cây
Giochi	Trò Chơi
Griglia	Nướng
Insalate	Salads
Invito	Lời Mời
Musica	Âm Nhạc
Pepe	Tiêu
Pollo	Gà
Pomodori	Cà Chua
Pranzo	Bữa Trưa
Sale	Muối
Salsa	Nước Xốt

Campeggio
Cắm Trại

Alberi	Cây
Amaca	Võng
Animali	Động Vật
Attrezzatura	Thiết Bị
Bussola	La Bàn
Cabina	Cabin
Caccia	Săn Bắn
Canoa	Xuồng
Cappello	Mũ
Corda	Dây Thừng
Divertimento	Vui Vẻ
Foresta	Rừng
Fuoco	Lửa
Insetto	Côn Trùng
Lago	Hồ
Luna	Mặt Trăng
Mappa	Bản Đồ
Montagna	Núi
Natura	Thiên Nhiên
Tenda	Lều

Casa
Nhà Ở

Attico	Gác Xép
Biblioteca	Thư Viện
Camera	Phòng
Camino	Lò Sưởi
Cucina	Nhà Bếp
Doccia	Vòi hoa Sen
Finestra	Cửa Sổ
Garage	Ga-Ra
Giardino	Vườn
Lampada	Đèn
Parete	Tường
Pavimento	Sàn Nhà
Porta	Cửa
Recinto	Hàng Rào
Rubinetto	Vòi
Scopa	Chổi
Soffitto	Trần
Specchio	Gương
Tappeto	Thảm
Tetto	Mái Nhà

Castelli
Lâu Đài

Armatura	Áo Giáp
Catapulta	Catapult
Cavaliere	Hiệp Sĩ
Cavallo	Ngựa
Corona	Vương Miện
Dinastia	Triều Đại
Drago	Rồng
Feudale	Phong Kiến
Fortezza	Pháo Đài
Impero	Đế Chế
Nobile	Noble
Palazzo	Cung Điện
Parete	Tường
Principe	Hoàng Tử
Principessa	Công Chúa
Regno	Vương Quốc
Scudo	Cái Khiên
Spada	Thanh Kiếm
Torre	Tháp
Unicorno	Kỳ Lân

Cibo #1
Thực Phẩm #1

Aglio	Tỏi
Basilico	Húng Quế
Cannella	Quế
Carne	Thịt
Carota	Cà Rốt
Cipolla	Hành
Fragola	Dâu Tây
Insalata	Salad
Latte	Sữa
Limone	Chanh
Menta	Bạc Hà
Orzo	Lúa Mạch
Pera	Lê
Rapa	Củ Cải
Sale	Muối
Spinaci	Rau Bina
Succo	Nước Ép
Tonno	Cá Ngừ
Torta	Bánh
Zucchero	Đường

Cibo #2
Thực Phẩm #2

Banana	Chuối
Broccolo	Bông cải Xanh
Ciliegia	Quả anh Đào
Cioccolato	Sô cô La
Formaggio	Phô Mai
Fungo	Nấm
Grano	Lúa Mì
Kiwi	Quả Kiwi
Mela	Táo
Melanzana	Cà Tím
Pane	Bánh Mì
Pesce	Cá
Pollo	Gà
Pomodoro	Cà Chua
Prosciutto	Giăm Bông
Riso	Gạo
Sedano	Cần Tây
Uovo	Trứng
Uva	Nho
Yogurt	Sữa Chua

Cioccolato
Sô-Cô-La

Amaro	Đắng
Antiossidante	Antioxidant
Arachidi	Đậu Phộng
Aroma	Thơm
Cacao	Cacao
Calorie	Calo
Caramella	Kẹo
Caramello	Caramel
Delizioso	Ngon
Dolce	Ngọt
Esotico	Kỳ Lạ
Gusto	Vị
Ingrediente	Thành Phần
Noce di Cooco	Dừa
Polvere	Bột
Preferito	Yêu Thích
Qualità	Chất Lượng
Ricetta	Công Thức
Zucchero	Đường

Circo
Rạp Xiếc

Acrobata	Acrobat
Animali	Động Vật
Biglietto	Vé
Caramella	Kẹo
Costume	Trang Phục
Elefante	Con Voi
Giocoliere	Tung Hứng
Leone	Sư Tử
Magia	Ma Thuật
Mostrare	Chỉ
Musica	Âm Nhạc
Palloncini	Bóng Bay
Scimmia	Khỉ
Spettacolare	Đẹp Mắt
Spettatore	Khán Giả
Tenda	Lều
Tigre	Con Hổ
Trucco	Lừa

Città
Thị Trấn

Aeroporto	Sân Bay
Banca	Ngân Hàng
Biblioteca	Thư Viện
Farmacia	Tiệm Thuốc
Fiorista	Người bán Hoa
Galleria	Bộ sưu Tập
Hotel	Khách Sạn
Libreria	Hiệu Sách
Mercato	Thị Trường
Museo	Bảo Tàng
Negozio	Cửa Hàng
Salone	Salon
Scuola	Trường Học
Stadio	Sân vận Động
Supermercato	Siêu Thị
Teatro	Rạp Hát
Università	Đại Học
Zoo	Sở Thú

Colori
Màu Sắc

Arancia	Cam
Azzurro	Azure
Beige	Màu Be
Bianco	Trắng
Blu	Màu Xanh
Fucsia	Fuchsia
Giallo	Màu Vàng
Grigio	Xám
Indaco	Chàm
Magenta	Magenta
Marrone	Màu Nâu
Nero	Đen
Rosa	Hồng
Rosso	Đỏ
Seppia	Nâu Đỏ
Verde	Xanh
Viola	Màu Tím

Compleanno
Ngày Sinh Nhật

Amici	Bạn Bè
Anno	Năm
Calendario	Lịch
Candele	Nến
Cantare	Hát
Canzone	Bài Hát
Carte	Thẻ
Celebrazione	Lễ ăn Mừng
Divertimento	Vui Vẻ
Felice	Vui Vẻ
Giorno	Ngày
Giovane	Trẻ
Grande	Tuyệt
Inviti	Lời Mời
Regalo	Quà Tặng
Saggezza	Sự Khôn Ngoan
Speciale	Đặc Biệt
Tempo	Thời Gian
Torta	Bánh

Conservazione
Bảo Tồn

Acqua	Nước
Ambientale	Môi Trường
Cambiamenti	Thay Đổi
Ciclo	Xe Đạp
Clima	Khí Hậu
Ecosistema	Hệ Sinh Thái
Educazione	Giáo Dục
Inquinamento	Ô Nhiễm
Naturale	Tự Nhiên
Organico	Hữu Cơ
Pesticida	Thuốc trừ Sâu
Riciclare	Tái Chế
Ridurre	Giảm
Salute	Sức Khỏe
Sostenibile	Bền Vững
Verde	Xanh
Volontario	Tình Nguyện

Corpo Umano
Cơ thể con Người

Bocca	Miệng
Caviglia	Mắt Cá
Cervello	Óc
Collo	Cổ
Cuore	Tim
Dito	Ngón Tay
Faccia	Đối Mặt
Gamba	Chân
Ginocchio	Đầu Gối
Gomito	Khuỷu Tay
Mano	Tay
Mento	Cằm
Naso	Mũi
Occhio	Mắt
Orecchio	Tai
Pelle	Da
Sangue	Máu
Spalla	Vai
Stomaco	Bụng
Testa	Đầu

Cucina
Phòng Bếp

Bacchette	Đũa
Bollitore	Ấm
Brocca	Bình
Cibo	Thức Ăn
Ciotola	Bát
Coltelli	Dao
Cucchiai	Thìa
Forchette	Forks
Forno	Lò
Frigorifero	Tủ Lạnh
Grembiule	Tạp Dề
Griglia	Nướng
Ricetta	Công Thức
Spezie	Gia Vị
Spugna	Bọt Biển
Tazze	Ly
Tovagliolo	Khăn Ăn

Danza
Nhảy

Accademia	Học Viện
Arte	Nghệ Thuật
Classico	Cổ Điển
Compagno	Đối Tác
Coreografia	Choreography
Corpo	Cơ Thể
Cultura	Văn Hoá
Culturale	Văn Hóa
Emozione	Cảm Xúc
Gioioso	Vui Vẻ
Grazia	Ân
Movimento	Phong Trào
Musica	Âm Nhạc
Postura	Tư Thế
Ritmo	Nhịp
Salto	Nhảy
Tradizionale	Truyền Thống
Visivo	Trực Quan

Dinosauri
Loài Khủng Long

Ali	Cánh
Coda	Đuôi
Evoluzione	Tiến Hóa
Fossili	Hóa Thạch
Grande	Lớn
Mammut	Voi ma Mút
Onnivoro	Omnivore
Potente	Mạnh Mẽ
Preistorico	Thời Tiền Sử
Rapace	Raptor
Rettile	Bò Sát
Scomparsa	Biến Mất
Specie	Loài
Taglia	Kích Thước
Terra	Trái Đất
Vizioso	Luẩn Quẩn

Discipline Scientifiche
Các Ngành Khoa Học

Anatomia	Giải Phẫu Học
Archeologia	Khảo cổ Học
Astronomia	Thiên văn Học
Biochimica	Hóa Sinh
Biologia	Sinh Học
Botanica	Thực vật Học
Chimica	Hóa Học
Ecologia	Sinh Thái
Fisiologia	Sinh lý Học
Geologia	Địa Chất Học
Immunologia	Miễn Dịch
Linguistica	Ngôn Ngữ
Meccanica	Cơ Khí
Meteorologia	Khí Tượng Học
Mineralogia	Khoáng
Neurologia	Thần Kinh
Nutrizione	Dinh Dưỡng
Psicologia	Tâm Lý
Sociologia	Xã hội Học
Zoologia	Động vật Học

Ecologia
Sinh Thái Học

Clima	Khí Hậu
Comunità	Cộng Đồng
Diversità	Đa Dạng
Fauna	Động Vật
Flora	Flora
Globale	Toàn Cầu
Marino	Biển
Montagne	Núi
Natura	Thiên Nhiên
Naturale	Tự Nhiên
Palude	Marsh
Piante	Cây
Risorse	Tài Nguyên
Siccità	Hạn Hán
Sopravvivenza	Sự Sống Còn
Sostenibile	Bền Vững
Specie	Loài
Vegetazione	Thực Vật

Edifici
Các tòa Nhà

Ambasciata	Đại sứ Quán
Appartamento	Căn Hộ
Cabina	Cabin
Casa	Nhà
Castello	Lâu Đài
Fabbrica	Nhà Máy
Fattoria	Nông Trại
Fienile	Vựa
Hotel	Khách Sạn
Museo	Bảo Tàng
Ospedale	Bệnh Viện
Osservatorio	Đài Quan Sát
Ostello	Ký túc Xá
Scuola	Trường Học
Stadio	Sân vận Động
Supermercato	Siêu Thị
Teatro	Rạp Hát
Tenda	Lều
Torre	Tháp
Università	Đại Học

Emozioni
Những cảm Xúc

Amore	Yêu
Beatitudine	Bliss
Calma	Lặng
Contenuto	Nội Dung
Eccitato	Bị Kích Thích
Gentilezza	Lòng Tốt
Gioia	Niềm Vui
Grato	Tri Ân
Imbarazzato	Xấu Hổ
Noia	Chán Nản
Pace	Hòa Bình
Paura	Nỗi Sợ
Rabbia	Sự Phẫn Nộ
Rilassato	Thư Giãn
Simpatia	Cảm Thông
Soddisfatto	Hài Lòng
Tenerezza	Dịu Dàng
Tranquillità	Yên Bình
Tristezza	Nỗi Buồn

Erboristeria
Chủ Nghĩa Thảo Dược

Aglio	Tỏi
Aneto	Rau thì Là
Aromatico	Thơm
Basilico	Húng Quế
Culinario	Ẩm Thực
Dragoncello	Giấm
Finocchio	Thì Là
Fiore	Hoa
Giardino	Vườn
Ingrediente	Thành Phần
Lavanda	Hoa oải Hương
Maggiorana	Lá Kinh Giới
Menta	Bạc Hà
Origano	Oregano
Prezzemolo	Mùi Tây
Qualità	Chất Lượng
Rosmarino	Rosemary
Timo	Xạ Hương
Verde	Xanh
Zafferano	Nghệ Tây

Escursionismo
Đi bộ Đường Dài

Acqua	Nước
Animali	Động Vật
Campeggio	Cắm Trại
Clima	Khí Hậu
Guide	Hướng Dẫn
Mappa	Bản Đồ
Montagna	Núi
Natura	Thiên Nhiên
Orientamento	Sự Định Hướng
Parchi	Công Viên
Pericoli	Mối Nguy Hiểm
Pesante	Nặng
Pietre	Đá
Preparazione	Chuẩn Bị
Scogliera	Vách Đá
Selvaggio	Hoang Dã
Sole	Mặt Trời
Stanco	Mệt
Stivali	Giày Ống
Zanzare	Muỗi

Estate
Mùa Hè

Amici	Bạn Bè
Campeggio	Cắm Trại
Casa	Nhà
Cibo	Thức Ăn
Famiglia	Gia Đình
Giardino	Vườn
Giochi	Trò Chơi
Gioia	Niềm Vui
Immersione	Lặn
Libri	Sách
Mare	Biển
Musica	Âm Nhạc
Rilassamento	Thư Giãn
Sandali	Dép
Spiaggia	Bãi Biển
Stelle	Sao
Tempo Libero	Giải Trí
Vacanza	Kỳ Nghỉ
Viaggio	Du Lịch

Famiglia
Gia Đình

Antenato	Tổ Tiên
Bambini	Trẻ Em
Bambino	Con
Cugino	Em Họ
Figlia	Con Gái
Fratello	Anh Trai
Infanzia	Thời thơ Ấu
Madre	Mẹ
Marito	Chồng
Moglie	Vợ
Nipote	Cháu
Nonna	Bà
Nonno	Ông
Padre	Cha
Sorella	Em Gái
Zia	Dì
Zio	Chú

Fantascienza
Khoa học Viễn Tưởng

Atomico	Nguyên Tử
Cloni	Nhái
Distopia	Dystopia
Esplosione	Nổ
Estremo	Cực
Fantastico	Tuyệt Vời
Fuoco	Lửa
Futuristico	Tương Lai
Galassia	Thiên Hà
Illusione	Ảo Giác
Immaginario	Tưởng Tượng
Libri	Sách
Misterioso	Bí Ẩn
Mondo	Thế Giới
Oracolo	Oracle
Pianeta	Hành Tinh
Realistico	Thực Tế
Scenario	Kịch Bản
Tecnologia	Công Nghệ
Utopia	Utopia

Fattoria #1
Trang Trại số 1

Acqua	Nước
Agricoltura	Nông Nghiệp
Ape	Con Ong
Asino	Donkey
Campo	Trường
Cane	Chó
Capra	Dê
Cavallo	Ngựa
Fertilizzante	Phân Bón
Fieno	Cỏ Khô
Gatto	Con Mèo
Gregge	Đàn
Maiale	Lợn
Miele	Mật Ong
Mucca	Bò
Pollo	Gà
Recinto	Hàng Rào
Riso	Gạo
Semi	Hạt Giống
Vitello	Bắp Chân

Fattoria #2
Trang Trại số 2

Agricoltore	Nông Dân
Alveare	Tổ Ong
Anatra	Vịt
Animali	Động Vật
Cibo	Thức Ăn
Fienile	Vựa
Frutta	Trái Cây
Frutteto	Thẻ
Grano	Lúa Mì
Irrigazione	Thủy Lợi
Latte	Sữa
Mais	Ngô
Maturo	Chín
Mulino a Vento	Cối xay Gió
Oche	Ngỗng
Orzo	Lúa Mạch
Pecora	Cừu
Prato	Đồng Cỏ
Trattore	Máy Kéo
Verdura	Rau

Fiori
Những Bông Hoa

Dente di Leone	Bồ Công Anh
Gardenia	Gardenia
Gelsomino	Jasmine
Giglio	Hoa loa Kèn
Girasole	Hướng Dương
Ibisco	Dâm Bụt
Lavanda	Hoa oải Hương
Lilla	Tử Đinh Hương
Magnolia	Magnolia
Margherita	Daisy
Mazzo	Bó Hoa
Orchidea	Phong Lan
Papavero	Poppy
Peonia	Hoa mẫu Đơn
Petalo	Cánh Hoa
Plumeria	Plumeria
Rosa	Hoa Hồng
Trifoglio	Cỏ ba Lá
Tulipano	Lời Khuyên

Foresta Pluviale
Rừng mưa Nhiệt Đới

Botanico	Thực Vật
Clima	Khí Hậu
Comunità	Cộng Đồng
Diversità	Đa Dạng
Giungla	Rừng
Indigeno	Bản Địa
Insetti	Côn Trùng
Muschio	Rêu
Natura	Thiên Nhiên
Nuvole	Đám Mây
Preservazione	Sự bảo Tồn
Prezioso	Quý
Restauro	Phục Hồi
Rifugio	Refuge
Rispetto	Sự tôn Trọng
Sopravvivenza	Sự Sống Còn
Specie	Loài
Uccelli	Chim

Forme
Hình Dạng

Angolo	Góc
Arco	Cung
Bordi	Cạnh
Cerchio	Vòng Tròn
Cilindro	Hình Trụ
Cono	Nón
Curva	Đường Cong
Ellisse	Ellipse
Iperbole	Hyperbola
Lato	Bên
Linea	Hàng
Piramide	Kim tự Tháp
Poligono	Đa Giác
Prisma	Lăng
Quadrato	Quảng Trường
Rettangolo	Hình chữ Nhật
Rotondo	Vòng
Sfera	Cầu
Triangolo	Tam Giác

Forniture Artistiche
Đồ Dùng Nghệ Thuật

Acqua	Nước
Acquerelli	Màu Nước
Acrilico	Acrylic
Argilla	Đất Sét
Carbone	Than
Carta	Giấy
Cavalletto	Easel
Colla	Keo
Colori	Màu Sắc
Creatività	Sáng Tạo
Gomma	Tẩy
Idee	Ý Tưởng
Inchiostro	Mực
Matite	Bút Chì
Olio	Dầu
Pastelli	Pastels
Sedia	Ghế
Spazzole	Bàn Chải
Tavolo	Bàn
Telecamera	Máy Ảnh

Frutta
Trái Cây

Albicocca	Quả Mơ
Ananas	Dứa
Arancia	Cam
Avocado	Trái Bơ
Bacca	Quả Mọng
Banana	Chuối
Ciliegia	Quả anh Đào
Kiwi	Quả Kiwi
Lampone	Mâm Xôi
Limone	Chanh
Mango	Trái Xoài
Mela	Táo
Melone	Dưa
Mora	Blackberry
Nettarina	Cây Xuân Đào
Papaia	Đu Đủ
Pera	Lê
Pesca	Đào
Prugna	Mận
Uva	Nho

Gatti
Những con Mèo

Cacciatore	Thợ Săn
Coda	Đuôi
Curioso	Tò Mò
Divertente	Buồn Cười
Dormire	Ngủ
Filo	Sợi
Giocoso	Vui Tươi
Indipendente	Độc Lập
Pazzo	Điên
Personalità	Cá Tính
Poco	Ít
Selvaggio	Hoang Dã
Timido	Nhút Nhát
Topo	Chuột
Veloce	Nhanh
Zampa	Chân

Geografia
Môn địa Lý

Altitudine	Độ Cao
Atlante	Atlas
Città	Thành Phố
Continente	Lục Địa
Emisfero	Bán Cầu
Fiume	Sông
Isola	Đảo
Latitudine	Vĩ Độ
Longitudine	Kinh Độ
Mappa	Bản Đồ
Mare	Biển
Meridiano	Kinh Tuyến
Mondo	Thế Giới
Montagna	Núi
Nord	Bắc
Ovest	Hướng Tây
Paese	Quốc Gia
Regione	Khu Vực
Sud	Phía Nam
Territorio	Lãnh Thổ

Geologia
Địa Chất Học

Acido	Axit
Altopiano	Cao Nguyên
Calcio	Calcium
Caverna	Hang Động
Continente	Lục Địa
Corallo	San Hô
Cristalli	Tinh Thể
Erosione	Xói Mòn
Fossile	Hóa Thạch
Lava	Dung Nham
Minerali	Khoáng Sản
Pietra	Đá
Quarzo	Thạch Anh
Sale	Muối
Stalagmiti	Măng Đá
Stalattite	Nhũ Đá
Strato	Lớp
Terremoto	Động Đất
Vulcano	Núi Lửa
Zona	Vùng

Giardino
Khu Vườn

Albero	Cây
Amaca	Võng
Cespuglio	Bụi Cây
Erba	Cỏ
Erbacce	Weeds
Fiore	Hoa
Frutteto	Thẻ
Garage	Ga-Ra
Giardino	Vườn
Pala	Xẻng
Panca	Băng Ghế
Portico	Hiên
Rastrello	Cào
Recinto	Hàng Rào
Rocce	Đá
Stagno	Ao
Suolo	Đất
Terrazza	Sân Thượng
Trampolino	Tấm Bạt
Tubo	Vòi

Giocattoli
Đồ Chơi

Aereo	Máy Bay
Aquilone	Diều
Argilla	Đất Sét
Artigianato	Đồ thủ Công
Auto	Xe Hơi
Bambola	Búp Bê
Barca	Thuyền
Batteria	Trống
Bicicletta	Xe Đạp
Camion	Xe Tải
Giochi	Trò Chơi
Libri	Sách
Palla	Bóng
Preferito	Yêu Thích
Puzzle	Câu Đố
Robot	Robot
Scacchi	Cờ Vua
Treno	Xe Lửa
Vernici	Sơn

Giorni e Mesi
Ngày và Tháng

Agosto	Ngày
Anno	Năm
Aprile	Tháng Tư
Calendario	Lịch
Dicembre	Tháng 12
Domenica	Chủ Nhật
Febbraio	Tháng Hai
Gennaio	Tháng Một
Giovedì	Thứ Năm
Giugno	Tháng Sáu
Luglio	Tháng Bảy
Lunedì	Thứ Hai
Martedì	Thứ Ba
Mercoledì	Thứ Tư
Mese	Tháng
Ottobre	Tháng Mười
Sabato	Thứ Bảy
Settembre	Tháng 9
Settimana	Tuần
Venerdì	Thứ Sáu

Guida
Điều Khiển

Auto	Xe Hơi
Autobus	Xe Buýt
Carburante	Nhiên Liệu
Freni	Phanh
Garage	Ga-Ra
Gas	Khí
Incidente	Tai Nạn
Licenza	Giấy Phép
Mappa	Bản Đồ
Moto	Xe Máy
Motore	Động Cơ
Pedonale	Đi Bộ
Pericolo	Nguy Hiểm
Polizia	Cảnh Sát
Sicurezza	An Toàn
Strada	Đường
Traffico	Giao Thông
Trasporto	Vận Chuyển
Tunnel	Đường Hầm
Velocità	Tốc Độ

Imbarcazioni
Thuyền

Albero	Cột Buồm
Ancora	Neo
Barca a Vela	Thuyền Buồm
Boa	Phao
Canoa	Xuồng
Corda	Dây Thừng
Equipaggio	Phi Hành Đoàn
Fiume	Sông
Kayak	Kayak
Lago	Hồ
Mare	Biển
Marea	Thủy Triều
Marinaio	Thủy Thủ
Motore	Động Cơ
Nautico	Hải Lý
Oceano	Đại Dương
Onde	Sóng
Traghetto	Phà
Yacht	Du Thuyền
Zattera	Bè

Insetti
Côn Trùng

Afide	Rệp
Ape	Con Ong
Calabrone	Hornet
Cavalletta	Châu Chấu
Cicala	Con ve Sầu
Coccinella	Ladybug
Coleottero	Bọ Cánh Cứng
Falena	Bướm Đêm
Farfalla	Bướm
Formica	Kiến
Larva	Ấu Trùng
Locusta	Cào Cào
Mantide	Bọ Ngựa
Pulce	Bọ Chét
Scarafaggio	Gián
Termite	Mối
Verme	Sâu
Vespa	Ong
Zanzara	Muỗi

Letteratura
Văn Học

Analisi	Phân Tích
Analogia	Tương Tự
Aneddoto	Giai Thoại
Autore	Tác Giả
Biografia	Tiểu Sử
Conclusione	Phần kết Luận
Confronto	So Sánh
Descrizione	Sự Miêu Tả
Dialogo	Hội Thoại
Genere	Thể Loại
Metafora	Ẩn Dụ
Opinione	Ý Kiến
Poesia	Bài Thơ
Poetico	Thơ
Rima	Vần
Ritmo	Nhịp
Romanzo	Tiểu Thuyết
Stile	Phong Cách
Tema	Chủ Đề
Tragedia	Bi Kịch

Libri
Sách

Autore	Tác Giả
Carattere	Nhân Vật
Collezione	Bộ sưu Tập
Contesto	Bối Cảnh
Dualità	Kéo Dài
Immersione	Ngâm
Inventivo	Sáng Tạo
Letterario	Văn Học
Lettore	Người Đọc
Pagina	Trang
Parole	Từ
Poesia	Thơ
Rilevante	Có Liên Quan
Romanzo	Tiểu Thuyết
Scritto	Viết
Serie	Loạt
Storia	Câu Chuyện
Storico	Lịch Sử
Tragico	Bi Kịch
Umoristico	Hài Hước

Mammiferi
Động vật có Vú

Balena	Cá Voi
Cane	Chó
Canguro	Kangaroo
Cavallo	Ngựa
Cervo	Hươu
Coniglio	Thỏ
Coyote	Coyote
Delfino	Cá Heo
Elefante	Con Voi
Gatto	Con Mèo
Giraffa	Hươu cao Cổ
Gorilla	Khỉ Đột
Leone	Sư Tử
Lupo	Chó Sói
Orso	Gấu
Pecora	Cừu
Scimmia	Khỉ
Toro	Bò Đực
Volpe	Cáo
Zebra	Ngựa Vằn

Matematica
Toán Học

Angoli	Góc
Aritmetica	Số Học
Decimale	Thập Phân
Diametro	Đường Kính
Equazione	Phương Trình
Esponente	Mũ
Frazione	Phân Số
Geometria	Hình Học
Numeri	Số
Parallelo	Song Song
Perimetro	Chu Vi
Perpendicolare	Vuông Góc
Poligono	Đa Giác
Quadrato	Quảng Trường
Raggio	Bán Kính
Rettangolo	Hình chữ Nhật
Simmetria	Đối Xứng
Somma	Tổng
Triangolo	Tam Giác
Volume	Âm Lượng

Meditazione
Thiền

Accettazione	Chấp Nhận
Attenzione	Chú Ý
Calma	Lặng
Chiarezza	Rõ Ràng
Compassione	Thương Hại
Emozioni	Cảm Xúc
Gentilezza	Lòng Tốt
Gratitudine	Lòng Biết Ơn
Mentale	Tâm Thần
Mente	Lí Trí
Movimento	Phong Trào
Musica	Âm Nhạc
Natura	Thiên Nhiên
Osservazione	Quan Sát
Pace	Hòa Bình
Pensieri	Suy Nghĩ
Postura	Tư Thế
Prospettiva	Quan Điểm
Respirazione	Thở
Silenzio	Im Lặng

Meteo
Thời Tiết

Arcobaleno	Cầu Vồng
Asciutto	Khô
Atmosfera	Không Khí
Cielo	Bầu Trời
Clima	Khí Hậu
Fulmine	Sét
Ghiaccio	Nước Đá
Monsone	Gió Mùa
Nebbia	Sương Mù
Nube	Đám Mây
Polare	Cực
Siccità	Hạn Hán
Temperatura	Nhiệt Độ
Tempesta	Bão Táp
Tornado	Lốc Xoáy
Tropicale	Nhiệt Đới
Tuono	Sấm Sét
Umido	Ẩm Ướt
Uragano	Cơn Bão
Vento	Gió

Misurazioni
Các Phép Đo

Altezza	Chiều Cao
Byte	Byte
Centimetro	Centimet
Chilogrammo	Kilôgam
Chilometro	Kilômét
Decimale	Thập Phân
Grado	Trình Độ
Grammo	Gram
Larghezza	Chiều Rộng
Litro	Lít
Lunghezza	Chiều Dài
Massa	Khối Lượng
Metro	Mét
Minuto	Phút
Oncia	Ounce
Peso	Cân Nặng
Pollice	Inch
Profondità	Độ Sâu
Tonnellata	Tấn
Volume	Âm Lượng

Mitologia
Thần Thoại

Archetipo	Nguyên Mẫu
Comportamento	Hành Vi
Creatura	Sinh Vật
Creazione	Sáng Tạo
Cultura	Văn Hoá
Disastro	Thảm Họa
Divinità	Các vị Thần
Eroe	Anh Hùng
Forza	Sức Mạnh
Fulmine	Sét
Gelosia	Ghen
Guerriero	Chiến Binh
Immortalità	Sự bất Tử
Labirinto	Mê Cung
Leggenda	Truyền Thuyết
Magico	Huyền Diệu
Mortale	Có Chết
Mostro	Quái Vật
Tuono	Sấm
Vendetta	Trả Thù

Mobili
Đồ nội Thất

Amaca	Võng
Armoire	Armoire
Cuscini	Đệm
Cuscino	Cái Gối
Divano	Đi Văng
Lampada	Đèn
Letto	Giường
Materasso	Nệm
Panca	Băng Ghế
Poltrona	Ghế Bành
Scaffali	Kệ
Scrivania	Bàn
Sedia	Ghế
Specchio	Gương
Tappeto	Thảm
Tende	Rèm Cửa

Natura
Thiên Nhiên

Animali	Động Vật
Api	Ong
Artico	Bắc Cực
Bellezza	Vẻ Đẹp
Deserto	Sa Mạc
Dinamico	Năng Động
Erosione	Xói Mòn
Fiume	Sông
Fogliame	Lá
Foresta	Rừng
Ghiacciaio	Sông Băng
Montagne	Núi
Nebbia	Sương Mù
Nuvole	Đám Mây
Santuario	Thánh
Selvaggio	Hoang Dã
Sereno	Serene
Tropicale	Nhiệt Đới
Vitale	Quan Trọng

Numeri
Con Số

Cinque	Năm
Decimale	Thập Phân
Diciannove	Mười Chín
Diciassette	Mười Bảy
Diciotto	Mười Tám
Dieci	Mười
Dodici	Mười Hai
Due	Hai
Nove	Chín
Otto	Tám
Quattordici	Mười Bốn
Quattro	Bốn
Quindici	Mười Lăm
Sedici	Mười Sáu
Sei	Sáu
Sette	Bảy
Tre	Ba
Tredici	Mười Ba
Venti	Hai Mươi
Zero	Số Không

Nutrizione
Dinh Dưỡng

Amaro	Đắng
Appetito	Ngon
Bilanciato	Cân Bằng
Calorie	Calo
Carboidrati	Carbohydrate
Commestibile	Ăn Được
Dieta	Ăn Kiêng
Digestione	Tiêu Hóa
Fermentazione	Lên Men
Gusto	Hương Vị
Liquidi	Chất Lỏng
Peso	Cân Nặng
Proteine	Protein
Qualità	Chất Lượng
Salsa	Nước Xốt
Salute	Sức Khỏe
Sano	Khỏe Mạnh
Spezie	Gia Vị
Tossina	Độc Tố
Vitamina	Vitamin

Oceano
Đại Dương

Anguilla	Lươn
Balena	Cá Voi
Barca	Thuyền
Corallo	San Hô
Delfino	Cá Heo
Gamberetto	Tôm
Granchio	Cua
Maree	Thủy Triều
Medusa	Sứa
Onde	Sóng
Ostrica	Hàu
Pesce	Cá
Polpo	Bạch Tuộc
Sale	Muối
Scogliera	Trả Lại
Spugna	Bọt Biển
Squalo	Cá Mập
Tartaruga	Rùa
Tempesta	Bão Táp
Tonno	Cá Ngừ

Paesaggi
Phong Cảnh

Cascata	Thác Nước
Collina	Đồi
Deserto	Sa Mạc
Fiume	Sông
Ghiacciaio	Sông Băng
Golfo	Vịnh
Grotta	Hang
Isola	Đảo
Lago	Hồ
Laguna	Đầm
Mare	Biển
Montagna	Núi
Oasi	Ốc Đảo
Oceano	Đại Dương
Palude	Đầm Lầy
Penisola	Bán Đảo
Spiaggia	Bãi Biển
Tundra	Lãnh Nguyên
Valle	Thung Lũng
Vulcano	Núi Lửa

Paesi #2
Quốc gia # 2

Albania	Albania
Danimarca	Đan Mạch
Etiopia	Ethiopia
Giamaica	Jamaica
Giappone	Nhật Bản
Grecia	Hy Lạp
Haiti	Haiti
Indonesia	Indonesia
Irlanda	Ireland
Laos	Lào
Liberia	Liberia
Messico	Mexico
Nepal	Nepal
Nigeria	Nigeria
Pakistan	Pakistan
Russia	Nga
Siria	Syria
Sudan	Sudan
Ucraina	Ukraina
Uganda	Uganda

Pesca
Đánh bắt Cá

Acqua	Nước
Attrezzatura	Thiết Bị
Barca	Thuyền
Branchie	Mang
Cesto	Cái Rổ
Cucinare	Nấu
Esagerazione	Phóng Đại
Esca	Mồi
Filo	Dây
Fiume	Sông
Gancio	Móc
Lago	Hồ
Mascella	Hàm
Oceano	Đại Dương
Pazienza	Kiên Nhẫn
Peso	Cân Nặng
Pinne	Vây
Spiaggia	Bãi Biển
Stagione	Mùa

Piante
Cây

Albero	Cây
Bacca	Quả Mọng
Bambù	Tre
Botanica	Thực vật Học
Cactus	Xương Rồng
Cespuglio	Bụi Cây
Crescere	Lớn Lên
Edera	Ivy
Erba	Cỏ
Fagiolo	Hạt Đậu
Fertilizzante	Phân Bón
Fiore	Hoa
Flora	Flora
Fogliame	Lá
Foresta	Rừng
Giardino	Vườn
Muschio	Rêu
Petalo	Cánh Hoa
Radice	Nguồn Gốc
Vegetazione	Thực Vật

Pirati
Cướp Biển

Ancora	Neo
Bandiera	Cờ
Bussola	La Bàn
Capitano	Thuyền Trưởng
Cattivo	Xấu
Cicatrice	Sẹo
Equipaggio	Phi Hành Đoàn
Grotta	Hang
Isola	Đảo
Leggenda	Truyền Thuyết
Mappa	Bản Đồ
Monete	Đồng Xu
Oceano	Đại Dương
Oro	Vàng
Pappagallo	Con Vẹt
Pericolo	Nguy Hiểm
Rum	Rum
Spada	Thanh Kiếm
Spiaggia	Bãi Biển
Tesoro	Kho Báu

Professioni #1
Nghề Nghiệp số 1

Ambasciatore	Đại Sứ
Artista	Nghệ Sĩ
Atleta	Lực Sĩ
Avvocato	Luật Sư
Ballerino	Vũ Công
Banchiere	Ngân Hàng
Cacciatore	Thợ Săn
Editore	Biên tập Viên
Farmacista	Dược Sĩ
Geologo	Nhà địa Chất
Gioielliere	Jeweler
Idraulico	Plumber
Infermiera	Y Tá
Marinaio	Thủy Thủ
Medico	Bác Sĩ
Musicista	Nhạc Sĩ
Pianista	Nghệ sĩ Piano
Sarto	Thợ May
Scienziato	Nhà Khoa Học
Veterinario	Bác sĩ thú Y

Professioni #2
Nghề Nghiệp số 2

Agricoltore	Nông Dân
Astronauta	Phi Hành Gia
Bibliotecario	Thủ Thư
Chimico	Nhà hóa Học
Dentista	Nha Sĩ
Detective	Thám Tử
Editore	Nhà Xuất Bản
Filosofo	Triết Gia
Fotografo	Nhiếp ảnh Gia
Giornalista	Nhà Báo
Illustratore	Hoạ
Ingegnere	Kỹ Sư
Insegnante	Giáo Viên
Linguista	Nhà Ngôn Ngữ
Medico	Bác Sĩ
Pilota	Phi Công
Pittore	Họa Sĩ
Politico	Chính trị Gia
Professore	Giáo Sư

Riempire
Để Điền Vào

Barile	Thùng
Borsa	Túi
Bottiglia	Chai
Busta	Phong Bì
Cartella	Thư Mục
Cartone	Carton
Cassetto	Ngăn Kéo
Cesto	Cái Rổ
Nave	Tàu
Pacchetto	Gói
Scatola	Hộp
Secchio	Xô
Tubo	Ống
Valigia	Va Li
Vaso	Bình
Vassoio	Khay

Ristorante #1
Nhà Hàng # 1

Allergia	Dị Ứng
Caffè	Cà Phê
Cameriera	Nữ Phục Vụ
Carne	Thịt
Cibo	Thức Ăn
Ciotola	Bát
Coltello	Dao
Cucina	Nhà Bếp
Ingredienti	Thành Phần
Menù	Thực Đơn
Pane	Bánh Mì
Piatto	Đĩa
Piccante	Cay
Pollo	Gà
Prenotazione	Đặt Phòng
Salsa	Nước Xốt
Tovagliolo	Khăn Ăn

Ristorante #2
Nhà Hàng số 2

Acqua	Nước
Aperitivo	Món Khai Vị
Bevanda	Đồ Uống
Cameriere	Phục vụ Nam
Cena	Bữa Tối
Cucchiaio	Cái Thìa
Delizioso	Ngon
Forchetta	Cái Nĩa
Frutta	Trái Cây
Ghiaccio	Băng
Insalata	Salad
Minestra	Súp
Pesce	Cá
Pranzo	Bữa Trưa
Sale	Muối
Sedia	Ghế
Spezie	Gia Vị
Torta	Bánh
Uova	Trứng
Verdure	Rau

Scacchi
Cờ Vua

Avversario	Đối Thủ
Bianco	Trắng
Campione	Quán Quân
Concorso	Cuộc Thi
Diagonale	Đường Chéo
Giocatore	Người Chơi
Gioco	Trò Chơi
Intelligente	Thông Minh
Nero	Đen
Passivo	Thụ Động
Punti	Điểm
Re	Vua
Regina	Nữ Hoàng
Regole	Quy Tắc
Sacrificio	Hy Sinh
Strategia	Chiến Lược
Tempo	Thời Gian
Torneo	Giải Đấu

Scienza
Khoa Học

Atomo	Nguyên Tử
Chimico	Hóa Chất
Clima	Khí Hậu
Dati	Dữ Liệu
Esperimento	Thí Nghiệm
Evoluzione	Tiến Hóa
Fatto	Thực Tế
Fisica	Vật Lý
Fossile	Hóa Thạch
Gravità	Trọng Lực
Ipotesi	Giả Thuyết
Metodo	Phương Pháp
Minerali	Khoáng Sản
Molecole	Phân Tử
Natura	Thiên Nhiên
Osservazione	Quan Sát
Particelle	Hạt
Piante	Cây
Scienziato	Nhà Khoa Học

Scuola #1
Trường học số 1

Alfabeto	Bảng chữ Cái
Amici	Bạn Bè
Aula	Lớp Học
Biblioteca	Thư Viện
Carta	Giấy
Cartelle	Thư Mục
Divertimento	Vui Vẻ
Esami	Thi
Insegnante	Giáo Viên
Leggere	Đọc
Libri	Sách
Matematica	Môn Toán
Matita	Bút Chì
Numeri	Số
Penne	Bút
Pranzo	Bữa Trưa
Quiz	Đố
Risposte	Câu trả Lời
Scrivania	Bàn
Sedia	Ghế

Scuola #2
Trường học số 2

Accademico	Học
Autobus	Xe Buýt
Biblioteca	Thư Viện
Calendario	Lịch
Carta	Giấy
Computer	Máy Tính
Dizionario	Từ Điển
Educazione	Giáo Dục
Forbici	Kéo
Giochi	Trò Chơi
Grammatica	Ngữ Pháp
Insegnante	Giáo Viên
Letteratura	Văn Học
Lettura	Đọc
Libri	Sách
Matematica	Môn Toán
Matita	Bút Chì
Scarpe	Giày
Scienza	Khoa Học
Zaino	Ba Lô

Spezie
Gia Vị

Aglio	Tỏi
Amaro	Đắng
Anice	Cây Hồi
Cannella	Quế
Cardamomo	Thảo Quả
Cipolla	Hành
Coriandolo	Rau Mùi
Cumino	Cây thì Là
Curcuma	Nghệ
Curry	Cà Ri
Dolce	Ngọt
Finocchio	Thì Là
Liquirizia	Cam Thảo
Noce Moscata	Nhục đậu Khấu
Paprika	Ớt cựa Gà
Pepe	Tiêu
Sale	Muối
Vaniglia	Vani
Zafferano	Nghệ Tây
Zenzero	Gừng

Spiaggia
Trên bãi Biển,

Asciugamano	Khăn
Barca	Thuyền
Barca a Vela	Thuyền Buồm
Blu	Màu Xanh
Costa	Bờ Biển
Dock	Dock
Granchio	Cua
Isola	Đảo
Laguna	Đầm
Mare	Biển
Oceano	Đại Dương
Ombrello	Ô
Sabbia	Cát
Sandali	Dép
Scogliera	Trả Lại
Sole	Mặt Trời
Vacanza	Kỳ Nghỉ

Sport
Các môn thể Thao

Arbitro	Trọng Tài
Atleta	Lực Sĩ
Baseball	Bóng Chày
Basket	Bóng Rổ
Bicicletta	Xe Đạp
Campionato	Chức vô Địch
Ginnastica	Thể Dục
Giocatore	Người Chơi
Gioco	Trò Chơi
Golf	Golf
Hockey	Khúc côn Cầu
Movimento	Phong Trào
Palestra	Gymnasium
Squadra	Đội
Stadio	Sân vận Động
Tennis	Quần Vợt

Strumenti
Công Cụ

Ascia	Rìu
Cavo	Cáp
Colla	Keo
Coltello	Dao
Corda	Dây Thừng
Cucitrice	Giấy
Forbici	Kéo
Maglio	Vồ
Martello	Búa
Pala	Xẻng
Pinze	Kìm
Rasoio	Dao Cạo
Ruota	Bánh Xe
Scala	Thang
Torcia	Ngọn Đuốc
Vite	Vít

Strumenti Musicali
Nhạc Cụ

Armonica	Harmonica
Arpa	Đàn Hạc
Bacchette	Đùi
Banjo	Bass
Chitarra	Đàn ghi Ta
Clarinetto	Clarinet
Fagotto	Dàn Nhạc
Flauto	Sáo
Gong	Chiêng
Mandolino	Mandolin
Marimba	Marimba
Percussione	Gõ
Pianoforte	Dương Cầm
Sassofono	Saxophone
Tamburello	Lục Lạc
Tamburo	Trống
Tromba	Kèn
Trombone	Trombone
Violino	Đàn vi ô Lông
Violoncello	Cello

Strumenti di Cottura
Dụng cụ nấu Ăn

Bollitore	Ấm
Colino	Chao
Coltello	Dao
Coperchio	Nắp
Cucchiaio	Cái Thìa
Filtro	Lọc
Forbici	Kéo
Forchetta	Cái Nĩa
Forno	Lò
Frigorifero	Tủ Lạnh
Grattugia	Bàn Mài
Posate	Dao Kéo
Spatola	Thìa
Stufa	Bếp
Termometro	Nhiệt Kế
Tostapane	Toaster

Surf
Lướt Sóng

Atleta	Lực Sĩ
Campione	Quán Quân
Divertimento	Vui Vẻ
Estremo	Cực
Folla	Đám Đông
Forza	Sức Mạnh
Meteo	Thời Tiết
Oceano	Đại Dương
Onda	Sóng
Pagaia	Chèo
Popolare	Phổ Biến
Principiante	Người bắt Đầu
Schiuma	Bọt
Scogliera	Trả Lại
Spiaggia	Bãi Biển
Spray	Phun
Stile	Phong Cách
Stomaco	Bụng
Velocità	Tốc Độ

Tecnologia
Công Nghệ

Blog	Blog
Browser	Trình Duyệt
Byte	Nội
Computer	Máy Tính
Cursore	Con Trỏ
Dati	Dữ Liệu
Digitale	Kỹ Thuật Số
File	Tập Tin
Font	Chữ
Internet	Internet
Messaggio	Thông Điệp
Ricerca	Nghiên Cứu
Schermo	Màn
Sicurezza	An Ninh
Software	Phần Mềm
Statistiche	Thống Kê
Telecamera	Máy Ảnh
Virtuale	Ảo
Virus	Vi Rút

Tempo
Thời Gian

Anno	Năm
Annuale	Hàng Năm
Calendario	Lịch
Decennio	Thập Kỷ
Dopo	Sau
Futuro	Tương Lai
Giorno	Ngày
Ieri	Hôm Qua
Mattina	Buổi Sáng
Mese	Tháng
Mezzogiorno	Buổi Trưa
Minuto	Phút
Notte	Đêm
Oggi	Hôm Nay
Ora	Giờ
Orologio	Đồng Hồ
Presto	Sớm
Prima	Trước
Secolo	Thế Kỷ
Settimana	Tuần

Tipi di Capelli
Các Loại Tóc

Argento	Bạc
Asciutto	Khô
Bianco	Trắng
Biondo	Tóc Vàng
Breve	Ngắn
Calvo	Hói
Colorato	Màu
Grigio	Màu Xám
Intrecciato	Bện
Liscio	Mịn
Lungo	Dài
Marrone	Màu Nâu
Morbido	Mềm
Nero	Đen
Riccio	Xoăn
Riccioli	Curls
Sano	Khỏe Mạnh
Sottile	Mỏng
Spessore	Dày
Trecce	Braids

Uccelli
Chim

Airone	Diệc
Anatra	Vịt
Aquila	Đại Bàng
Cicogna	Cò
Cigno	Thiên Nga
Colomba	Yêu
Cuculo	Chim Cu
Fenicottero	Flamingo
Gabbiano	Mòng Biển
Oca	Ngỗng
Pappagallo	Con Vẹt
Passero	Chim Sẻ
Pavone	Công
Pellicano	Bồ Nông
Piccione	Chim bồ Câu
Pinguino	Chim Cánh Cụt
Pollo	Gà
Struzzo	Đà Điểu
Tucano	Toucan
Uovo	Trứng

Vacanze #2
Kỳ Nghỉ số 2

Aeroporto	Sân Bay
Campeggio	Cắm Trại
Destinazione	Điểm Đến
Foto	Ảnh
Hotel	Khách Sạn
Isola	Đảo
Mappa	Bản Đồ
Mare	Biển
Montagne	Núi
Passaporto	Hộ Chiếu
Spiaggia	Bãi Biển
Straniero	Ngoại Quốc
Taxi	Xe tắc Xi
Tempo Libero	Giải Trí
Tenda	Lều
Trasporto	Vận Chuyển
Treno	Xe Lửa
Vacanza	Ngày Lễ
Viaggio	Hành Trình
Visto	Thị Thực

Veicoli
Xe Cộ

Aereo	Máy Bay
Ambulanza	Xe cứu Thương
Auto	Xe Hơi
Autobus	Xe Buýt
Barca	Thuyền
Bicicletta	Xe Đạp
Camion	Xe Tải
Caravan	Caravan
Furgone	Van
Metropolitana	Xe Điện Ngầm
Motore	Động Cơ
Pneumatici	Lốp
Razzo	Tên Lửa
Scooter	Xe tay Ga
Sottomarino	Tàu Ngầm
Taxi	Xe tắc Xi
Traghetto	Phà
Trattore	Máy Kéo
Treno	Xe Lửa
Zattera	Bè

Verdure
Rau Củ

Aglio	Tỏi
Broccolo	Bông cải Xanh
Carciofo	Atisô
Carota	Cà Rốt
Cetriolo	Dưa Chuột
Cipolla	Hành
Fungo	Nấm
Insalata	Salad
Melanzana	Cà Tím
Oliva	Ô Liu
Patata	Khoai Tây
Pisello	Đậu
Pomodoro	Cà Chua
Prezzemolo	Mùi Tây
Rapa	Củ Cải
Scalogno	Củ Hẹ
Sedano	Cần Tây
Spinaci	Rau Bina
Zenzero	Gừng
Zucca	Quả bí Ngô

Vestiti
Quần Áo

Abito	Ăn
Braccialetto	Vòng Tay
Calzini	Vớ
Camicetta	Áo Cánh
Camicia	Áo sơ Mi
Cappello	Mũ
Cintura	Thắt Lưng
Collana	Vòng Cổ
Giacca	Áo Khoác
Gonna	Váy
Grembiule	Tạp Dề
Guanti	Găng Tay
Jeans	Quần Jean
Maglione	Áo Len
Moda	Thời Trang
Pantaloni	Quần
Pigiama	Pajama
Sandali	Dép
Scarpa	Giày
Sciarpa	Khăn Quàng Cổ

Virtù #1
Đức Hạnh số 1

Affascinante	Quyến Rũ
Affidabile	Đáng tin Cậy
Appassionato	Đam Mê
Artistico	Nghệ Thuật
Buono	Tốt
Curioso	Tò Mò
Decisivo	Quyết Định
Divertente	Buồn Cười
Efficiente	Hiệu Quả
Generoso	Rộng Lượng
Indipendente	Độc Lập
Intelligente	Thông Minh
Modesto	Khiêm Tốn
Paziente	Kiên Nhẫn
Pratico	Thực Tế
Pulito	Dọn Dẹp
Saggio	Khôn Ngoan
Utile	Hữu Ích

Congratulazioni

Ce l'hai fatta!

Speriamo che questo libro vi sia piaciuto tanto quanto a noi è piaciuto concepirlo. Ci sforziamo di creare libri della più alta qualità possibile.
Questa edizione è progettata per fornire un apprendimento intelligente, di qualità e divertente!

Le è piaciuto questo libro?

Una Semplice Richiesta

Questi libri esistono grazie alle recensioni che pubblicate.

Puoi aiutarci lasciando una recensione
ora a questo link ?

BestBooksActivity.com/Recensioni50

SFIDA FINALE!

Sfida n°1

Sei pronto per il tuo gioco gratuito? Li usiamo sempre, ma non sono così facili da trovare - ecco i **Sinonimi!**
Scrivi 5 parole che hai trovato nei puzzle (n° 21, n° 36, n° 76) e prova a trovare 2 sinonimi per ogni parola.

Scrivi 5 parole del **Puzzle 21**

Parole	Sinonimo 1	Sinonimo 2

Scrivi 5 parole del **Puzzle 36**

Parole	Sinonimo 1	Sinonimo 2

Scrivi 5 parole del **Puzzle 76**

Parole	Sinonimo 1	Sinonimo 2

Sfida n°2

Ora che ti sei riscaldato, scrivi 5 parole che hai trovato nei puzzle n° 9, n° 17 e n° 25 e cerca di trovare 2 contrari per ogni parola. Quanti ne puoi trovare in 20 minuti?

Scrivi 5 parole del **Puzzle 9**

Parole	Antonimo 1	Antonimo 2

Scrivi 5 parole del **Puzzle 17**

Parole	Antonimo 1	Antonimo 2

Scrivi 5 parole del **Puzzle 25**

Parole	Antonimo 1	Antonimo 2

Sfida n°3

Grande! Questa sfida non è niente per te!

Pronto per la sfida finale? Scegli 10 parole che hai scoperto nei diversi puzzle e scrivile qui sotto.

1.	6.
2.	7.
3.	8.
4.	9.
5.	10.

Ora scrivi un testo pensando a una persona, un animale o un luogo che ti piace.

Puoi usare l'ultima pagina di questo libro come bozza.

La tua composizione:

TACCUINO:

A PRESTO!

Tutta la Squadra